藏在 课本里的知识

|人 手 一 本 经 典 读 本|

藏在
课本里的
小古文密码

刘黎平　毛小红　编著

山东人民出版社·济南

国家一级出版社 全国百佳图书出版单位

图书在版编目（CIP）数据

藏在课本里的小古文密码 / 刘黎平, 毛小红编著.
— 济南 : 山东人民出版社, 2023.7
ISBN 978-7-209-14545-9

Ⅰ.①藏… Ⅱ.①刘… ②毛… Ⅲ.①文言文 – 中小学 – 教学参考资料 Ⅳ.①G634.303

中国国家版本馆CIP数据核字(2023)第111723号

藏在课本里的小古文密码
CANG ZAI KEBEN LI DE XIAOGUWEN MIMA
刘黎平　毛小红　编著

主管单位　山东出版传媒股份有限公司
出版发行　山东人民出版社
出　版　人　胡长青
社　　　址　济南市市中区舜耕路517号
邮　　　编　250003
电　　　话　总编室（0531）82098914
　　　　　　市场部（0531）82098027
网　　　址　http://www.sd-book.com.cn
印　　　装　天津中印联印务有限公司
经　　　销　新华书店

规　　　格　16开（166mm×230mm）
印　　　张　15
字　　　数　150千字
版　　　次　2023年7月第1版
印　　　次　2023年7月第1次
ISBN　978-7-209-14545-9
定　　　价　42.00元

如有印装质量问题，请与出版社总编室联系调换。

目　录

第一辑

诸子百家的智慧

第二辑
史学家的温度

第三辑

文学家的绝唱

第一辑

诸子百家的

智慧

《两小儿辩日》：
孔子也头痛的天文学问题，古人还提到过哪些

孔子东游，见两小儿辩斗，问其故。

一儿曰："我以日始出时去人近，而日中时远也。"

一儿曰："我以日初出远，而日中时近也。"

一儿曰："日初出大如车盖，及日中则如盘盂，此不为远者小而近者大乎？"

一儿曰："日初出沧沧凉凉，及其日中如探汤，此不为近者热而远者凉乎？"

孔子不能决也。

两小儿笑曰："孰为汝多知乎？"

《列子·汤问》◎《两小儿辩日》

真题面对面

【2022年上海市中考语文试题】

甲乙两文（甲文为《两小儿辩日》）提到的孔子是_____学派的创始者。

甲文中两小儿辩论的话题是：_____（用自己的话概括）。

甲文中孔子因"_____"而"问其故"。

我们距离太阳到底有多远？这对古人而言当然是一个谜题，几千年来都没有得到解决，甚至很少有人就此发问。认识的局限、科技发展的水平，都决定了这个问题只能由后人来回答。今天，这基本不再是一个问题。

日地距离，又叫太阳距离，指的是日心到地心的直线长度。但因为地球绕太阳公转的轨道是椭圆形的，加上测定的方法不一样，日地距离并不是固定值。在天文学上，日地距离是"一个天文单位"，人们一度以地球至太阳的平均距离来确定"一个天文单位"的数值，后来人们直接将"一个天文单位"确定为一个不变值（也叫绝对值），那就是 149 597 870 700 米。根据光传播的速度可以计算出来，照射到地球上的阳光是 8 分钟之前发出的。

在长达几千年的知识空白阶段，古人关于太阳和地球的讨论尽管缺乏科学依据，却充满思辨色彩。这些讨论也成为后人了解古代历史信息和古人思想的重要资料。我们不妨就从《两小儿辩日》出发，去看看我们的先辈是如何针对宇宙发问的。

　　孔子固然不能判断辩日的孩子谁对谁错，但先辈们对一些科学问题的思考依然具有重要意义

文学家的"天问"

《两小儿辩日》这则短文出自我国战国时期的著作《列子》，多少反映了当时的人们对宇宙的思考。当然，孔子是春秋时期的人，文章只是借孔子之名而已，甚至还有一些嘲讽孔子的意思。先秦时期的人们尽管无法科学测量日地距离，但能根据一些生活现象和自己的感受来研究天文现象，提出疑问，不得不说还是值得肯定的。

说到针对宇宙的提问，战国时期另外一位大人物不能不提，他就是楚国著名政治家、大诗人屈原。他的一系列关于宇宙的提问来自他的经典诗篇《天问》。在这部作品中，屈原就像坐着宇宙飞船在太空中遨游一般，对鸿蒙浩瀚的宇宙发出了一连串问题。"圜则九重，孰营度之？"传说天有九层，是谁设计规划的呢？"惟兹何功？孰初作之？"九重天这么大的工程，又是谁最初建造的呢？"九天之际，安放安属？"九重天到底有多大，到达了哪里，又连接着哪里？再有，天地未形成之前，宇宙是什么样子的？不动的恒星天体，系它们的"绳子"在哪里？它们的光芒又传到哪里？日月如何运行，众星如何陈列？一天太阳能走多远？月亮为何有圆缺？月中的黑点又是什么……通过屈原的提问可以看到，当时的人们对宇宙有着自己的认识，尽管他们心中也充满了疑问。

屈原不仅是我国古代杰出的文学家、政治家，他关于宇宙的思考对后世也产生了深远影响

　　为了回答屈原提出的问题，1000 多年后，唐朝著名文学家柳宗元专门写了一篇名为《天对》的"论文"。他的回答像屈原的诗作一样文采斐然，也不乏天才的构想，但今天看来，它们与科学的回答还有一段距离。比如，屈原曾经发问，支撑天的八根柱子到底是怎么回

事？柳宗元回答说，天由"元气"构成，是没有尽头的，哪里有什么八柱，那只是神话传说罢了。柳宗元是元气论者，认为宇宙是从混沌状态发展出的，万事万物都与"元气"有关，所以坚决否定天柱之说。这固然有进步的方面，但也明显有待完善。

在《天对》中，非常值得一提的是柳宗元关于太阳的认识。他认为太阳并没有什么升起和止息，只是它的相对位置发生变化，才有了明与暗、昼与夜。既然太阳时刻都在运动，测量太阳每天走多远，就没办法做到了，因为那是根本无法用"里"来衡量的。在柳宗元之前，我国天文学家已经建立了地圆说和地动说，而柳宗元在《天对》中进一步将两者结合起来，向科学的结论靠近了一步。

300 多年之后，宋朝著名词人辛弃疾也对屈原的《天问》很感兴趣，可见这篇作品在后世的巨大影响。有一年中秋，辛弃疾和朋友们饮酒到天亮。其中一位朋友说道，前人赋诗填词好像只有写"待月"的，没有写"送月"的。于是，辛弃疾便借用"天问体"写了一首词，针对月亮提出了一系列问题："可怜今夕月，向何处、去悠悠？是别有人间，那边才见，光影东头？"意思是，可爱的月亮你要到哪里去？是不是天外还有一个人间，你刚从我们这里离开，又从那边的东方升起？

除此之外，在这首作品中，辛弃疾还写出了这样的句子："谓洋海底问无由。恍惚使人愁。怕万里长鲸，纵横触破，玉殿琼楼。"意思是，据说月亮是经海底运转的，其中的奥秘真让人捉摸不透。假如真是这样的话，海里的巨鲸横冲直撞，难道不会把月亮上华美的宫殿撞坏吗！关于月亮，今天的人们当然要比辛弃疾知道得多，也科学得多，但如此富有想象力和表现力的诗作，显然不是谁都能写出来的。

司马绍说日

读《两小儿辩日》，文中那两个聪明伶俐的孩子令人印象深刻。查考史籍，有一个孩子关于太阳的表述同样令人拍案叫绝。只是这个孩子可不是随便就能在路边遇到的，因为他是东晋开国皇帝司马睿的儿子司马绍，也就是后来的晋明帝。

司马绍只有几岁的时候，有一次坐在晋元帝司马睿的膝上玩耍。这时，有人从长安（在今陕西西安一带）来，晋元帝就向他询问有关西晋都城洛阳的消息。此前，北方游牧部落内迁，西晋王室被迫南迁，最后在建康（今江苏南京）重新建立了新的王朝。想到这些，晋元帝不由得流下了眼泪。司马绍问父亲为什么哭。晋元帝便把皇室被迫南迁的事情说了一遍，接着问司马绍："长安与太阳相比，你觉得哪个更远呢？"司马绍回答"当然是太阳比长安远啦"，而且给了一个十分确定的理由："日远。不闻人从日边来。"有人从长安那边来，却没有人从太阳那边来，所以长安不远。一个几岁的孩子能有这样的认识，晋元帝自然深感欣慰——既然长安不远，那么东晋就还有机会收拾旧河山啊！

有这样奇异的孩子，晋元帝激动不已，决定在群臣面前好好展示

一番。第二天，他大宴群臣，重新问了昨天那个问题："长安和太阳哪个更远呢？"他期待听到和昨天一样的答案。结果，司马绍却没按套路出牌，他回答说："日近。"晋元帝大惊失色，问道："你的回答怎么和昨天不一样呢？"司马绍说："举目见日，不见长安。"我们抬头能看见太阳，却看不见长安啊。他显然话中有话。意思是，尽管长安不远，如果大家不齐心协力的话，恐怕我们再也回不到那里了。

这则源于《世说新语·夙惠》的故事，可以看作"小儿辩日"的东晋版。剔除其他因素，单看司马绍辩日远近的逻辑，就颇有诡辩哲学的味道，其聪明伶俐自不容小觑。"小时了了，大未必佳。"司马绍会不会这样呢？答案是，还好。

永昌元年（323年）晋元帝去世，司马绍即位，不久便遇上了东晋权臣王敦发起的叛乱。司马绍不甘示弱，有一天竟带着小股士兵悄悄摸进了王敦的军营。司马绍可能忘了乔装打扮，他的母亲是鲜卑人，所以他有混血儿的外貌，尤其是金黄的胡须十分惹眼，最后竟让叛军发现了。王敦立刻派出五名骑兵前去追赶。在逃脱追捕的过程中，司马绍的聪明顿时显现出来。一路上，只要马拉了粪便，他就立刻用水浇凉，这样追兵便无法通过马粪的温度来判断该往哪里追了。接着，他在路边遇到一位卖东西的老婆婆，直接给了她一根华美的"七宝鞭"，说后面有骑兵来，可以把鞭子给他们。骑兵追到，得到鞭子，五个骑兵没见过这么精美的东西，于是传玩了很长时间。他们见马粪是冷的，判断司马绍早已走远，便不再追了。身处乱世，有这样的智商，显然要安全很多。

诗人李白曾写过一首著名的诗作《登金陵凤凰台》，结尾说"总为浮云能蔽日，长安不见使人愁"，这里其实便有"司马绍说日"的影子。

纪晓岚的讲述

古人对宇宙的认识，当然也随着科学技术的发展而不断进步。那么，到了清朝，人们对宇宙又有哪些新看法呢？

1543 年，波兰人哥白尼创作的《天体运行论》出版，复兴了"日心说"。这一理论主要有三个要点：（1）地球是球形的；（2）地

 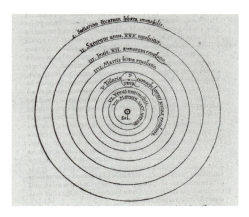

1543 年出版的《天体运行论》扉页（左）和哥白尼构建的日地模型图（右）

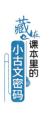

球是运动的，24 小时自转一周；（3）宇宙的中心是太阳，它静止不动，地球等行星围绕着太阳运转。今天我们已经知道，太阳不是静止不动的，更不是宇宙的中心，哥白尼也犯了错，但他的"日心说"还是开启了近代科学革命，对人们科学宇宙观的形成起到了至关重要的作用。

明朝晚期，哥白尼的《天体运行论》被西方传教士带入我国，但直到清乾隆时期，哥白尼的"日心说"才被全面介绍到我国。只是这样的知识当时仅为少数人所知，比如博览群书的著名文学家纪晓岚，或许便有所涉猎。

在他的笔记小说集《阅微草堂笔记》中，纪晓岚记载了一则非常有趣的故事。胶州的法南墅和朋友登泰山看日出，发现有位道士已早于他们来到这里。不一会儿太阳出来了，法南墅和朋友兴高采烈地谈论到太阳是真火，所以入水不湿。道士在一旁嘲笑道："你们认为太阳是从海里出来的吗？幼稚！由此可见，你们并不了解天地之形，所以也不知道水之形。其实天就像鸡蛋一样，是椭圆形的，地则像弹丸一样是球形的。水附地而流，就好像流在核桃的褶皱里。因为地是

🌀 高分句子铺 🌀

知之为知之，不知为不知，是知也。——《论语·为政》

路曼曼其修远兮，吾将上下而求索。——［战国］屈原《离骚》

球形的，便没有哪个地方是顶部，每个人站的地方都是顶。"不仅如此，道士还指出，天共有九层，最上面的一层叫宗动，是宇宙元气的最外面，人们看不到它的形状。下一层是恒星，也极为高远，根本无法测量。再往下数还有七层，分别是太阳、月亮，以及水星、火星、木星、金星、土星。它们随着大气旋转，高出海平面不知道多少。

更神奇的是，这个道士还提到了光的折射现象。他说当太阳还在地平线以下时，我们已经可以看到它："日未至地平，倒影上射，则初见如一线；日将近地平，则斜影横穿，未明先睹。今所见者是日之影，非日之形；是天上之日影隔水而映，非海中之日影浴水而出也。至日出地平，则影斜落海底，转不能见矣。"道士由此指出，儒家认为天包着水，水浮着地，太阳从水中出入，实在是大错特错；至于佛家，他们认为须弥山四面为四州，太阳绕须弥山运行，南昼则北夜，东暮则西朝，这自然也是毫无道理的。

从这些论述可以看出，纪晓岚已经掌握了不少接近现代科学的天文知识。当然，他的讲述依然错谬百出，可谓一次不太达标的"科普"，但相比前代，已进步了不少。

两个辩日的孩子谁对了

　　读了《两小儿辩日》，很多人必然会问，两个孩子究竟谁的回答是正确的？事实上，两个孩子的回答都是偏颇的。地球绕太阳公转的轨道是椭圆的，椭圆有两个焦点，而太阳位于其中一个焦点上，这就有了近日点（一般出现在每年1月初）和远日点（一般出现在每年7月初）。地球每年从远日点向近日点（7月—1月）运行时，太阳中午比早晨距我们近些；地球从近日点向远日点（1月—7月）运行时，太阳中午比早晨距我们远些。但这样的距离变化和日地平均距离相比微乎其微，用肉眼根本观察不出来。所以，我们大致可以认为，太阳在早晨和中午离我们同样远。"日初出大如车盖，及日中则如盘盂"，这是人眼接触物体所产生的视觉错误导致的。而太阳温度在早晨和正午的差异，则与太阳的斜射和直射相关。

　　古时人们尚很难用科学解释自然现象，但他们能根据自身感受，就某些问题提出自己的看法，还是值得肯定的。不过，我们也应该意识到，感觉很多时候是不可靠的，需要用科学进行校正。比如古希腊哲学家芝诺曾提出一个著名的观点，赛跑时如果乌龟比希腊神话中善跑的英雄阿基里斯先走哪怕100米，那么阿基里斯永远也追不上乌龟。因为阿基里斯想追上乌龟，必须要先走完前100米，这时乌龟又向前爬了一段。阿基里斯再走完这一段，乌龟又会向前，如此下去，阿基里斯永远也追不上乌龟。凭感觉，这是一种无懈可击的说法。事实上，现代科学表明，时空不是无限可分的。这就是现实中的人可以轻松追上乌龟的原因。

《愚公移山》：
虚实结合如何让"列子版天方夜谭"更有趣

北山愚公长息曰："汝心之固，固不可彻，曾不若孀妻弱子。虽我之死，有子存焉。子又生孙，孙又生子；子又有子，子又有孙；子子孙孙无穷匮也，而山不加增，何苦而不平？"河曲智叟亡以应。

操蛇之神闻之，惧其不已也，告之于帝。帝感其诚，命夸娥氏二子负二山，一厝朔东，一厝雍南。自此，冀之南，汉之阴，无陇断焉。

《列子·汤问》◎《愚公移山》

真题面对面

【2022年青海省中考语文试题】

文章（选文为《愚公移山》）最后一段以神话故事结尾，有什么作用？

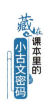

"愚公移山"是一则很值得思考的故事，选自《列子·汤问》。这则故事的主旨比较明确：只要有决心，意志足够坚定，持之以恒地做一件事，一定能克服困难，获得成功。

毫无疑问，这则故事是带有神话色彩的，事实上，"愚公移山"是一系列"列子版天方夜谭"的一部分。翻开《列子·汤问》就会发现，这样神奇的故事还有不少，其中的很多人物都有愚公那样的精神和气度——看似在做不可思议的事，细细想来又令人感动。

对这些故事，我们绝不能简单地以虚假的传奇看待，因为它们所蕴含的精神、说明的道理不仅不虚，还极具启示性。我们不妨走进《列子·汤问》，去感受一下那个神奇的故事世界。

神奇的人物故事

很多人都知道"夸父逐日"的故事。夸父是古今难见的异想天开者，居然想和太阳肩并肩，于是跑去追赶太阳，结果口渴难耐，喝干了黄河与渭河的水，直到渴死也没追上太阳。"夸父逐日"的故事就源于《列子·汤问》，和"愚公移山"同为一个系列。夸父的故事其

　　"愚公移山"的故事虽带有神话色彩，甚至融合了外来文化因素，却很好地表现了我国古代先民不畏艰难、奋斗不息的伟大精神

实很有现实意义，它鼓励人们对宇宙自然保持新奇感，而不要只有敬畏感。

《列子·汤问》里的传奇人物，其中不少人是技艺高手、能工巧匠，卓越的技能使他们成了神一般的存在。比如"神医"扁鹊就有换心的本领。鲁国的公扈与赵国的齐婴同时患病，请扁鹊医治。扁鹊治好他们之后说，"你们先前得的病，是外界病源侵扰脏腑造成的，可以通过药物和针石治愈。但你们还有先天的疾病，同身体一道生长，现在不妨也为你们根治了。公扈志强而气弱，善于谋虑，但缺乏决断。齐婴志弱而气强，缺乏谋虑，但过于专断，如果将你们的心互换一下，那就都可以获益了"。于是，扁鹊给他们灌下药酒，将他们的心进行了置换。这则故事与蒲松龄《聊斋志异》里的一则故事《陆判》在情节上有相似之处。蒲松龄的作品讲的是一个叫朱尔旦的书生，智商不够用，于是他的神鬼朋友陆判官给他换了一颗慧心，朱尔旦的智商顿时爆棚。

除了"神医"扁鹊的故事，《列子·汤问》中另一个人物纪昌的故事也很引人注目。纪昌学箭于神射手飞卫。飞卫告诉纪昌，学习射箭首先要掌握盯住目标不眨眼的本领。纪昌回到家里，仰面躺在妻子的织布机下，死死地盯住织机的踏板。两年之后，即使锋利的锥子刺到眼眶边，他都能不眨眼。他去找飞卫，飞卫说："这还不行，你必须练好眼力才可以学箭。当你能把极小的目标看得很大，将模糊的物体看得很清楚，再来找我吧。"纪昌回去用牛尾毛拴住一只虱子，吊在窗口，每天目不转睛地瞪着它。十多天后，虱子在他眼中大了起来。三年以后，虱子在他看来竟有车轮那么大；再看其他东西，都如山丘一般大。他用箭朝虱子射去，直接穿透了虱子的心，牛尾毛却没断。于是，纪昌再去找飞卫。飞卫高兴地说："射箭的奥秘你已经掌握啦！"这则故事的前半段无疑很励志，只是接下来纪昌想要杀掉师傅飞卫，成为天下第一，事情就变得没那么单纯了。好在飞卫的本领过硬，才免于被杀，最终两人和解。

《列子·汤问》中还有不少神奇的故事是与音乐有关的，比如"余音绕梁"的故事。话说韩国有一个善于唱歌的女歌手，人们叫她韩娥。韩娥从韩国到齐国去，带的干粮吃完了，就在城门外卖唱换取食物。她美妙而婉转的歌声给人们留下了深刻印象。她离开后，听过她唱歌的人都觉得歌声依然萦绕在房梁间，好几天都没消失。后来，韩娥到一家旅店投宿，人们因为她穷就出言羞辱她，她便痛哭着离开了。这哭声弥漫开来，如泣如诉，听到的人都很悲伤，好几天吃不下东西。人们赶快把韩娥追回来，让她唱了一首动听的歌，大家才从之前的悲伤中彻底走出来。除了韩娥的故事，《列子·汤问》中还有一个广为人知的音乐故事，那便是俞伯牙和钟子期"高山流水遇知音"的故事。

通过这些故事，我们可以充分感受到，《列子·汤问》几乎就是一个单独的宇宙系统，其中不少人物故事很难用一般人的思维去想象，真不知道作者是如何想到的。

不可思议的地理空间

除了一系列奇异人物，《列子·汤问》中的空间环境和地理状况也很神奇。这些奇异的地域，往往是历史名人迷路遇到的，好像他们突然误入兔子洞，走错了时空。

比如大禹在治水的时候，便误入了一个神奇的国度。此地名叫终北国，辽阔得不知道边境在哪里。这里没有风雨霜露，不生鸟兽花草。国土的中央有一座山，山顶有个洞口，有水喷涌而出。水的清香胜过兰椒，味道甘醇赛似美酒。人们临水而居，性情随和，无须耕织，不分贵贱，没有病痛哀苦，只有喜悦安乐。这里的一大风俗是人们结队而歌，歌声终日不停。大家唱累了，就喝神泉中的水，力量和精神立刻就能恢复。泉水喝多了就直接醉倒，十多天才醒来。人们还用泉水洗澡，洗后肤色洁白，身上的香气十多天才消失。

对这个奇妙的国度，周穆王也十分迷恋。他北巡时经过这里，一住就是三年，回来之后一直若有所失，不食酒肉，几个月后才恢复。

春秋时期的霸主齐桓公，对这个世界也极其向往。在管仲的怂恿下，他打算借巡游之机到那里看一看。眼看就要起行了，一位名叫隰（xí）朋的大臣劝阻说："大王拥有宽广的国土、众多的百姓、丰富的物产、华美的服饰、满朝的忠臣，一声呼喊就能召集百万兵卒，随意指挥便可使诸侯听命，为什么要舍弃自己的江山，到别的国家去呢？这是管仲老糊涂了，他的话怎么能听呢？"于是，齐桓公打消了

《列子·汤问》中有不少故事借历史名人展示了奇异的地理环境，齐桓公就是其中的历史名人之一

出游的念头，又把隰朋的话告诉了管仲。管仲说："这本来就不是隰朋所能理解的。如果真能去成，齐国的富饶又有什么值得留恋呢？"

除了终北国，类似的地方在《列子·汤问》中还有不少。这些地方的神奇，与《庄子》中的记载非常相似。比如其中提道："荆之南有冥灵者，以五百岁为春，五百岁为秋。上古有大椿者，以八千岁为春，八千岁为秋。朽壤之上有菌芝者，生于朝，死于晦。春夏之月有蠓蚋（měngruì）者，因雨而生，见阳而死。终北之北有溟海者，天池也。有鱼焉，其广数千里，其长称焉，其名为鲲。有鸟焉，其名为鹏，翼若垂天之云，其体称焉。世岂知有此物哉？大禹行而见之，伯

益知而名之，夷坚闻而志之。"这些事物在《庄子》中也曾出现过。从这些记载可以知道，《列子》和《庄子》在精神上有相通之处，也难怪庄子会把列子看成神仙一样的人物了，说他可以"御风而行"。

虚实结合的写作手法

了解了《列子·汤问》的部分内容后，再来看"愚公移山"的故事，我们就知道愚公这个人物是在什么样的背景下、以怎样的方式被创作出来的。

列子笔下的愚公一家，以及愚公所在的地域，从字面上看，都是客观存在的。"太行、王屋二山，方七百里，高万仞，本在冀州之南，河阳之北。"太行山脉，就在今山西与河北之间，纵跨河北、山西、河南等省市；而王屋山，就在今山西阳城、垣曲与河南济源的交界地带。然而，整个故事的风格又并非完全现实主义的，从"操蛇之神闻之，惧其不已也，告之于帝"开始，整个故事的风格立刻发生了改变。冀州还是那个冀州，河阳还是那个河阳，故事却已带上魔幻和

高分句子铺

天行健，君子以自强不息。地势坤，君子以厚德载物。

——《周易》

古之立大事者，不唯有超世之才，亦必有坚忍不拔之志。

——［宋］苏轼《晁错论》

神话色彩。从创作手法看，我们不妨归之于魔幻现实主义——地名、人名等因素整体上都是现实的、客观的，但其中一些元素和故事发展的逻辑又具有魔幻和神话色彩。这种创作手法有个好处，就是能让平凡的世界新奇化，进而阐发出更令人警醒的道理。这就是《愚公移山》在创作上的奇妙之处。

诗人陶渊明的《桃花源记》实际上也采用了这种创作手法。《桃花源记》中的时代和地名都有现实性，东晋太元年间（376—396 年）、武陵渔夫都是很有真实感的存在。而陶渊明在描写桃花源中的生活场面时，也都如在眼前，比如"有良田、美池、桑竹之属。阡陌交通，鸡犬相闻"，画面非常亲切，完全是现实世界的样子。但将这些因素放置在与世隔绝的状态，而且再寻不见，就充满了魔幻色彩。正因为作品有魔幻色彩，人们才会对陶渊明的这篇作品印象深刻，并对桃花源中的美好生活念念不忘。

另外，古典小说《红楼梦》同样带有一定的魔幻色彩。我们都知道《红楼梦》是我国古代一部伟大的现实主义小说，其中绝大部分的元素，如金陵城等，都是实实在在的，但诸如太虚幻境这样的元素，又是神话般的、完全虚构的。这样去写，不仅没有使《红楼梦》失去对现实生活的批判力度，还集中阐释了作品的主题，令人印象深刻。

所以，通过"愚公移山"这则故事，我们还可以学习一种很好的创作手法，那就是将真实场景与虚构情节结合起来、将现实元素与魔幻成分融合在一起。有时，这会让我们的作品更有趣，更值得品味。

《列子》为何被说是伪书

列子，名御寇，相传是战国前期道家的代表人物，生活时代介于老子和庄子之间。《汉书·艺文志》中录有《列子》一书八篇，也就是说列子有著作传世。今天，人们看到的《列子》亦有八篇，但不少研究者认为，此书极有可能是后人根据古代资料编写而成的"伪书"，并非先秦之作。其中一个关键证据是此书夹杂了一些佛经的思想和内容。相传佛教传入中国内地是东汉永平十年（67年）[一说西汉元寿元年（前2年）时已传入]，而佛经在中国的广泛流行要到魏晋时期。

晋人张湛（zhàn）是今本《列子》最早的整理者和注释者，他在所作《列子序》中曾说，《列子》"所明往往与佛经相参"。随着研究的深入，不少学者认为《列子》的原著已经散佚，后世所见乃由晋人拼凑而成，其内容不止与佛经相参，实有取于佛经者。著名佛学家季羡林发现，《列子·汤问》篇和西晋高僧竺法护翻译的《生经》中都有关于"机关木人"的记述，两者必然有一定的关系。同时，"愚公移山"的故事也与《佛说力士移山经》存在诸多相似之处。更有意思的是，《生经》的译者竺法护也是《佛说力士移山经》的译者，而"愚公移山"和"机关木人"的故事同时见于《列子·汤问》篇。如此看来，《列子》的后期创作者或许系统地阅读过竺法护的译经。

如果《列子》确为伪书的话，它的作者能将诸多材料合于一处，集中体现中华文化，不得不说这也是一部非常杰出的伪书。

《虽有嘉肴》：
议论以美食开篇，背后竟有大学问

　　虽有嘉肴，弗食，不知其旨也；虽有至道，弗学，不知其善也。是故学然后知不足，教然后知困。知不足，然后能自反也；知困，然后能自强也。故曰：教学相长也。《兑命》曰"学学半"，其此之谓乎！

《礼记·学记》◎《虽有嘉肴》

真题面对面

【2022年湖南省湘西土家族苗族自治州中考语文试题】

将下面的句子翻译成现代汉语。

虽有至道，弗学，不知其善也。

甲乙两段选文（甲选文为《虽有嘉肴》）都论述了学习的重要性，你从选文中得到了什么启示？请简要论述。

《虽有嘉肴》这篇短文，旨在阐述"教学相长"的道理——教和学相互增进，彼此成就，两者相辅相成。成功的教和学，往往需要积极的互动。所以，在学习过程中，无论老师还是学生，都有必要重视互动的作用。其实，孔子就是这么做的。

孔子的感慨有内涵

《论语·先进》里提到过这样一个场景，令人印象深刻。

有一回，孔子对自己的四位学生子路、曾皙（xī）、冉有、公西华说："你们平时总是抱怨别人不了解你们。你们有什么能力和志向，今天就说出来听听吧。"

子路不假思索地说道："一个夹在大国之间、拥有一千辆兵车的中等诸侯国，有军队来攻打它，还闹饥荒，只需三年，我就可以使这个国家的百姓有保家卫国的勇气，同时守规矩、懂礼仪。"孔子对他微微一笑，说："冉有，你呢？"冉有回答说："一个纵横六七十里或者五六十里的国家，让我去治理，三年后我就可以使这个国家的百姓富足起来。至于礼乐教化，我的能力尚显不足，只能等待其他君子来实现了。"孔子又问公西华，公西华说他愿意做一个"小相"，主持宗庙祭祀、诸侯会盟的仪式。孔子又问正在鼓瑟的曾皙。曾皙放下瑟，站起来回答："我和他们的志向都不一样。暮春时节，春服既成。长者五六人，童子六七人，大家在水中沐浴，在高台上吹风，然后唱着歌归来。这就是我想要的。"孔子听后不禁长叹一声，认为曾皙描述的生活也是他所向往的。

这次谈话可以说是"教学相长"的实例。学生们说出自己的志向，展示自己的能力，孔子进行点评，这就是"教"；孔子通过曾皙的回答，感受到一种生活的美好，发出来自灵魂的感慨，这就是"学"。

文章也要讲"颜值"

除了阐述"教学相长"的理念，《虽有嘉肴》这篇短文在写作方面也带给我们一些启发。

这篇短文重在讲理，基本没什么故事情节，也没有张扬的情感抒发，然而我们在阅读的时候，却有一种亲切的感觉。为什么会这样呢？

除了有规律的句子结构，更重要的是，这里使用了类比的修辞手法。以"嘉肴"开头，给人一种熟悉的感觉，然后引导到要讲的道理上去。这个导入过程是令人轻松的。"虽有嘉肴"一句，甚至还有点儿"起兴"的味道。什么叫"起兴"？就是从其他看似无关的事物发端，引出所要表现的内容。通俗一点讲，就是开个好头，引出后文。例如，此文想要说的是教学相长，想要得到真知就得先去学习，以什

孔子在教学过程中十分看重和弟子之间的互动

么东西引出这个话题好呢？作者最终选择了美食。

我们的文学传统很重视"起兴"，这是从我国最早的诗歌总集《诗经》开始就形成的一种极富魅力的表现手法。《诗经·周南》的第一首名为《关雎》，第一句写道："关关雎鸠，在河之洲。"清澈的小河旁边，美丽的水鸟互相应和着鸣叫。单从这一句看只是写景，似乎没什么深意，但与下一句"窈窕淑女，君子好逑"联系起来看，便有了不一样的意味。水鸟和鸣不仅烘托出爱情的温馨，而且引出了爱情这个主题。更重要的是，这两句通过无关紧要的事物（关雎）或者说"闲笔"为整首诗开了头，推动了诗作更好地展开。

再如《诗经·周南》中的《桃夭》。这首诗讲的是女子出嫁的场景，但在正式描述之前，作品首先展示了一片桃林，"桃之夭夭，灼灼其华"，其中的桃花正灿烂地盛开着。开头一句似乎与出嫁的场景无关，但与后面的句子联系起来，不仅极大地增强了整首诗的美感，同时作为开头，也很好地推动了作品的创作，引出了下面的内容。

读起来相对枯燥的说理文，当然也可以用这种方式开头。这虽说不是别开生面的开头，至少算是说得过去的开头。好在，在《虽有嘉肴》这篇文章中作者选择了以美食作为"起兴"的事物，这又进一步增强了表达效果。可以这么说，"虽有嘉肴"如果不是以"嘉肴"开头，它的吸引力和生动程度就要大打折扣。文章的"颜值"还是很重要的，而所谓"颜值"往往体现在漂亮的比喻物、对比物、象征物上。别以为只有写景和抒情的文章才需要漂亮的外表，议论也是如

此。所以，不要总是板着面孔讲道理，"花枝招展"地讲道理，有时更有吸引力。

语言的"陷阱"要警惕

因为整篇文章旨在阐述"教学相长"的道理，不少人在读《虽有嘉肴》这篇作品时，会把注意力放到文章后边的总结句上。实际上，文章的第一个句子"虽有嘉肴，弗食，不知其旨也"，不只承担着牵引全篇的作用，也有着极为丰富的内涵，值得注意。

一盘美食，所谓的山珍海味，只有去品尝，用自己的味蕾去感受，才能验证它究竟好在哪里，是否真像有些人说的那样。如果这盘菜，你不去品尝，面对各种语言描述、各种评价，难免会无所适从，尽管语言有时也能让人垂涎欲滴。对事物的真实体验和感知，有时是任何比喻、联想都替代不了的，好的道理同样如此。所谓"劈柴不照纹，累死劈柴人"，意思是说，没有劈柴经验的人，自然很难感受这句谚语的神奇。同样，一篇语言优美的文章，不去吟诵，不去咀嚼文

🍃 高分句子铺 🍃

独学而无友，则孤陋而寡闻。——《礼记·学记》

物格而后知至，知至而后意诚，意诚而后心正，心正而后身修，身修而后家齐，家齐而后国治，国治而后天下平。——《礼记·大学》

字，你和它之间便永远存在隔阂。

有关体验的重要性，北宋文豪苏轼在《日喻》这篇作品中做过非常精彩的论述。在文章开头，苏轼提到这样一个例子，一位盲人不知道天上的太阳什么样，于是求教于看得见的人。有人告诉他太阳像铜盘。盲人敲击铜盘，记住了它的声音。一天，他听到钟声，直接把发出声音的钟当成了太阳。然后又有人告诉他，太阳的光像蜡烛的光。盲人手摸蜡烛，记住了它的形状。一天，他摸到一支形状像蜡烛的单管乐器龠（yuè），把它当成了太阳。苏轼总结说，太阳与钟、龠风马牛不相及，盲人却不知其异，"以其未尝见而求之人也"。

与太阳相比，抽象的道理自然更难被理解。苏轼认为，懂得某些道理的人，即使再善于使用比喻进行引导，也只能传达事物某一方面的特征罢了，就像通过铜盘、蜡烛等事物认识太阳一样，只会让人没完没了地推导下去。所以，世上一些谈道的人，有的只是通过自己的理解来阐明它，有的干脆主观臆断，这都很难让人获得真知。那么，一个人该如何认识事物、获得真知呢？苏轼认为，需要自己"有志于学"，通过亲身体验，慢慢感悟。参与得多了，体验得多了，很多道理便会自动显现出来。

总结苏轼的"学习经验"，首先，我们对学习要发自内心地热爱；其次，要矢志不渝地坚持；当然还需要更多地经历、更多地体悟。在某种程度上，这是一种终身学习的理念，值得我们借鉴和思考。

《礼记》到底是本什么书

我国自古以来被称为礼仪之邦，"礼"在中国文化中占有十分重要的地位。流传至今的儒家"十三经"中有三部关于"礼"的著作，被称为"三礼"。一部是《仪礼》，主要记述周朝冠、婚、丧、祭、乡、射、朝、聘等各种礼仪制度。另一部是《周礼》，初名《周官》，主要记述先秦时期的官制体系。还有一部便是《礼记》，据传其内容为孔子弟子及再传弟子所作，由西汉礼学家戴圣编纂成书。《仪礼》和《周礼》两部著作文古义奥，名物繁多，不易通读，《礼记》则不然。此书虽以说理宏通见长，但文字浅近，很容易入门，故历来被认为是学习《周礼》与《仪礼》的桥梁。

《礼记》共四十九篇，主要以语录、条记的形式论述先秦礼制，集中体现了儒家的哲学思想（如宇宙观、人生观）、教育思想（如人生修养、教育制度、教学方法、学校管理）、政治思想（如以教化政、大同社会、礼制与刑律）、美学思想（如物动心感说、礼乐中和说）等，是研究先秦社会的重要资料。南宋时期，著名哲学家朱熹取《礼记》中的《大学》《中庸》篇，分章注释，与《论语》《孟子》合为"四书"。此后，"四书"成为官学教材和科举指定书目，对我国古代教育产生了深远影响。

《庄子与惠子游于濠梁之上》：
知不知道鱼的快乐，到底重不重要

　　庄子与惠子游于濠梁之上。庄子曰："鲦鱼出游从容，是鱼之乐也。"惠子曰："子非鱼，安知鱼之乐？"庄子曰："子非我，安知我不知鱼之乐？"惠子曰："我非子，固不知子矣；子固非鱼也，子之不知鱼之乐，全矣！"庄子曰："请循其本。子曰'汝安知鱼乐'云者，既已知吾知之而问我，我知之濠上也。"

《庄子》◎《庄子与惠子游于濠梁之上》

真题面对面

【2008年浙江台州中考语文试题】

　　这一场辩论中（指庄子与惠子关于鱼的辩论）的庄子与惠子，你欣赏的是谁？为什么？

庄子和惠子关于"鱼之乐"的辩论，
在中国古代哲学史上堪称"名场面"

庄子和惠子关于鱼的争论，是中国古代有关辩论的"名场面"。两人争来争去，谁对谁错，众说纷纭。

有些人说，惠子取得了逻辑上的胜利。因为作为人，确实无法感知一条鱼的内心世界。人是灵长类动物，站在岸上；鱼是脊椎类动物，游在湖海里……身体和感知完全不在一个频道上，人怎么会知道鱼快不快乐呢？

但也有人认为，庄子取得了言辞上的胜利。因为惠子陷入了庄子的"语言陷阱"——你质疑我怎么知道鱼的快乐，就说明你从内心深处相信我知道，不然何必问我是怎么知道的呢？

当逻辑缜密的惠子遇上机敏诡谲的庄子，这场争论注定没有尽头。不管怎样，庄子的思维方式确实很独特。试着将其运用到文学创作中，还是很有积极意义的。

在介绍庄子的创作方法之前，我们不妨先来看看在我国古代一些有关鱼的趣事吧！

大有来头的那些鱼

鱼在中国古代著作中，可以说是一个不可忽视的意象。

除了在"游于濠梁"时因为鱼和惠子发生过争论，庄子还写过

"北冥有鱼，其名为鲲"这样的寓言，以论大和小的辩证关系。而"鲲"这种大鱼，也曾在列子的书里出现。《战国策》里的谋士冯谖，因为待遇不好，就向孟尝君抱怨"食无鱼"，最后成功获得孟尝君的关注。三国时期，刘备就说过"孤之有孔明，犹鱼之有水也"的话，以阐明诸葛亮对他的重要。晋朝的张翰看到秋风起，不禁想起了家乡美味的鲈鱼，遂发出了这样的感慨："人生贵得适志，何能羁宦数千里以要名爵乎！"总之，鱼之于古人，可不仅仅是一种食物那么简单，它对我国的思想史可是产生过重要影响的。

与庄子和惠子的辩论相对照，这里尤其想要提到一则孟子所讲述的关于鱼的故事。

春秋时期，郑国有一位著名的政治家，名叫子产。他善于治国，接连辅佐过两代郑国君主，进行自上而下的改革，让郑国这个小国在诸侯混战的乱世得以发展。然而，子产手下一个主管池沼的小吏，却认为子产不过如此。

据《孟子·万章上》记载，某一天有人送了一条活鱼给子产。子产决定让那个小吏把鱼放到池塘里养起来。结果，这个小吏却把鱼拿去吃了，然后煞有介事地向子产汇报，鱼已经被放回到池塘。这个小吏无疑很善于撒谎，在报告时还生动地描述了鱼被放入池塘后的状态："始舍之圉（yǔ）圉焉，少则洋洋焉，攸然而逝。"意思是，起初，那鱼气息奄奄的，显得无精打采。可没一会儿，它便翻身摇摆起来，最后欢快地游得无影无踪了。子产完全相信了小吏的谎言，表示很满意，还替鱼感到高兴，认为它终于到了该去的地方，于是重复道："得其所哉！得其所哉！"

小吏报告完毕，出来对人说："谁说子产聪明呢，我吃了鱼，骗他说已经放到了池塘，他竟然相信了，还不停地说'鱼去了该去的地方，鱼去了该去的地方'。"其小人得志的神态表现得淋漓尽致。子产是否真的聪明呢？有人认为，子产确实不知道自己被骗了。但也有人认为，子产已经知道那条鱼被吃了，只是不想追究这件小事。他说鱼去了该去的地方，就是被吃到了肚子里。当然，孟子举这个例子的本意，是说像子产这样的君子，"可欺以其方，难罔以非其道"。就是说，像子产这样的君子，用合乎情理的方法欺骗他，他上当是可以理解的，但要迷惑他做无道的事，那就不大可能了。

故事里，当子产听说鱼在池中悠然而去时，他分明也在体验着鱼的快乐。我们可以想象一下，他在说"得其所哉"这番话时，是怎样满脸陶醉，甚至有那么几秒钟，他将自己当成了水中的鱼，充分体验着鱼在水中嬉戏的快乐。当时的子产，不就是另一个庄子吗？虽非鱼，却知鱼之乐。

庄子笔下的动物"会说话"

庄子也好，子产也罢，他们之所以能"体会"鱼的快乐，当然不是他们与鱼有交流沟通的本领，而是因为他们把人的情感、体验投射到了鱼的身上。从科学角度而言，"知鱼之乐"确实不可能，但从艺

术角度而言，这是一种非常有效的换位思考方式，能让人的情感和思想更好地向外传达。我们可以通过《庄子》中另一则有关惠子的故事再次感受一下。

楚王听说庄子很贤良，便想让他出来做官，于是派使者前去传达自己的意思。殊不知，庄子对做官毫无兴趣。楚王的使者赶到时，庄子正在垂钓，两位使者只好站在庄子身后。庄子手握钓竿，头也不回地给两位使者讲了一个乌龟选择命运的故事："我听说楚国有一只神龟，死的时候已经有三千岁了，国君用锦缎将它包好，放在竹匣中，珍藏于宗庙。请问，这只神龟是宁愿死去，留下骨骸显示尊贵呢，还是宁愿活在烂泥里，拖着尾巴爬行呢？"使者说："当然是摇着尾巴活在泥里了。"于是，庄子说："往矣！吾将曳尾于涂中。"意思是，你们回去吧，我想像那只乌龟一样，摇着尾巴活在泥地里。

故事中，庄子显然将追求快乐、自在、逍遥的心意投射到了一只无拘无束的乌龟身上。一方面，乌龟是他内心世界的反映，乌龟的选择表达了他的思想；另一方面，乌龟快乐生活的情状又凸显了他快乐的模样。两者融合在一起，很好地扩大了表情达意的空间。

与此相似的，还有"庄周梦蝶"的故事。有一天，庄子做了一个梦，梦到自己变成了一只蝴蝶。这只蝴蝶在空中翩翩飞舞，自由自在，非常快乐。过了一会儿，庄子醒来，梦境还清晰地印在他的脑海中。他又想了想梦中的事情，一时有些迷惘——究竟是自己做梦变成了一只蝴蝶，还是一只蝴蝶做梦变成了自己？这件事让庄子很有感

明万历年间《庄子》印本书页。《庄子》作为道家学派的重要著作，在后世影响深远。唐玄宗时庄子被追封为南华真人，《庄子》被尊为《南华真经》。历史上注释《庄子》的著作众多，其中西晋郭象的《庄子注》尤为著名

触，他觉得，世间万物就是这样不断变化着的。这其实多少透露了庄子善于通过动物表达自己的原因，人和其他事物本就有情感上的互通之处，不只是快乐，还有悲伤、厌恶等情感。

庄子还写过这样一个故事。惠子在梁国做国相时，庄子想去看他，但有人告诉惠子，庄子到梁国来，是想取代他的位置。惠子非常害怕，在国都搜捕了三天三夜。最后，庄子主动去见惠子，说："南方有一种鸟，名叫鹓鶵（yuānchú）。它从南海起飞，到北海去，中途

非梧桐不栖，非竹实不食，非甘泉不饮。鹓鹐捡到一只腐臭的老鼠，鸱枭从它面前飞过，鹓鹐看到了，护着那只腐鼠，仰头发出了'吓'的一声进行威吓。如今，你也想用你梁国国相的身份来威吓我吗？"通过这则寓言，庄子明确告诉惠子，国相之位对他来说如同一只死老鼠，他毫无兴趣。这里，庄子将惠子小气和自以为是的性格特点很好地投射到了鹓鹐这一形象上，尤其是那一声可鄙的"吓"，活灵活现地刻画出了惠子的可笑可悲。

庄子写了很多类似的动物寓言，有时仅凭一个简单的动作便能同时将人和动物的特点鲜活地展现出来。这是简单的拟人手法所不能相比的。由此可见，"打通意识"对艺术创作是多么重要。

大师原是"庄子粉"

庄子在后世有很多知音，他的一些文学创作手法也在他们这里得到了继承。唐朝著名文学家柳宗元就算一个，他也"懂得"鱼之乐。我们不妨通过他的散文名篇《小石潭记》来看一下。

高分句子铺

泉涸，鱼相与处于陆，相呴（xǔ）以湿，相濡以沫，不如相忘于江湖。——《庄子·大宗师》

荃（quán）者所以在鱼，得鱼而忘荃；蹄者所以在兔，得兔而忘蹄；言者所以在意，得意而忘言。——《庄子·外物》

柳宗元在《小石潭记》中是这样描述游鱼的:"潭中鱼可百许头,皆若空游无所依,日光下澈,影布石上。佁(yǐ)然不动,俶(chù)尔远逝,往来翕(xī)忽,似与游者相乐。"石潭中的游鱼有百十条,好像都浮在空气中。阳光照到水里,鱼的影子便投在水下的石头上。写到这里,一种空灵之美油然而生。可以想象,柳宗元此刻正仔细观察着水中的鱼,并将自己游山玩水的心情投射到游鱼的身上,跟着它们一起悬浮在透明的水中。

如何判断柳宗元与游鱼有情感上的"连通"呢?且看后面的描写。这些鱼一开始呆呆地不动,忽然向远处游去,来来往往,轻快敏捷,好像在和游人互动。"似与游者相乐",这个"乐"字,便打通了人和鱼的感受,说明柳宗元也承认他知道鱼的快乐。当然,柳宗元的主观意图,还是借鱼来表达自己寄情山水的快乐,但因为有这种"打通意识",他笔下的游鱼显得分外有情。

除了柳宗元,欧阳修在《醉翁亭记》里也展现了这种所谓的"打通意识":"已而夕阳在山,人影散乱,太守归而宾客从也。树林阴翳(yì),鸣声上下,游人去而禽鸟乐也。"游人离开之后,树林中一片鸟鸣声,欧阳修认为这是禽鸟发出的快乐之声。就此而言,他和庄子一样,认为自己"感知"到了动物的快乐。但欧阳修又补充道,"然而禽鸟知山林之乐,而不知人之乐"。意思是,禽鸟只晓得自己在林中飞翔、歌唱的快乐,却完全不懂人类的快乐。这时如果惠子在场,恐怕又少不了一场激烈的辩论:"子非鸟,焉知鸟不知人之乐?"

"老庄"还是"庄老"

提到庄子，不能不提老子。老子和庄子都是道家学派的代表人物，并称"老庄"，分别以著作《老子》和《庄子》彪炳史册。但因为老子的资料十分匮乏，所以有关《老子》的成书年代颇多争议。我国著名学者钱穆先生曾从社会及政治现象、思想脉络、思想互动等方面对《老子》一书做了十分精彩的考证，认为《老子》当为战国晚期作品，比《庄子》晚出，所以称"老庄"，不如称"庄老"。

过去对古书真伪的讨论，只能以纸上材料证明纸上材料，难有定论。但随着考古学的发展，一些问题有了相对客观的衡量标准。1993年，考古学家在湖北省荆门市沙洋县纪山镇郭店村的一座楚墓中发现了800多枚竹简，最后整理出十余篇先秦文献，其中就有不同于今本的《老子》。这座楚墓被认为是战国中期的墓葬，也就是说，《老子》此时已经出现，其成书年代上溯至孔子时代不是不可能。尽管这修正了钱穆先生的结论，但他从思想渊源方面对《老子》的研究依然重要。事实上，古籍中有关老子和孔子关系的记述很多，但可疑之点也不少。有学者曾研究过《论语》所受《老子》的影响，用以证明《老子》成书早于《论语》。比如《论语·宪问》中提道："或曰：'以德报怨，何如？'子曰：'何以报德？以直报怨，以德报德。'"朱熹指出："或人所称，今见《老子》书。"这一条是《论语》引用《老子》的证据，而且是对《老子》的批评。就此而言，古籍所记老子长于孔子，有一定道理。但不可否认，《老子》成书有一个过程，其中夹杂着后人的思想是完全可能的。这正是钱穆先生的研究不可忽视的原因。

《富贵不能淫》：大道难行的孟子，为啥看不上大热的公孙衍、张仪

景春曰："公孙衍、张仪岂不诚大丈夫哉？一怒而诸侯惧，安居而天下熄。"

孟子曰："是焉得为大丈夫乎？子未学礼乎？丈夫之冠也，父命之；女子之嫁也，母命之，往送之门，戒之曰：'往之女家，必敬必戒，无违夫子！'以顺为正者，妾妇之道也。居天下之广居，立天下之正位，行天下之大道。得志，与民由之；不得志，独行其道。富贵不能淫，贫贱不能移，威武不能屈。此之谓大丈夫。"

《孟子》◎《富贵不能淫》

真题面对面

【2021年辽宁抚顺中考语文试题】

甲文（甲文为《富贵不能淫》）中孟子以_____做类比，指出公孙衍和张仪的本质。

作为孔子之后儒家学派最重要的思想家之一，孟子通过雄浑磅礴的文风，提出了很多发人深省的观点，对后世产生了深远影响。比如《富贵不能淫》这篇文章，读来便令人心潮澎湃。"富贵不能淫，贫贱不能移，威武不能屈"，孟子对"大丈夫"人格魅力和做人准则的表述，不知激励了多少仁人志士为理想而奔走，矢志不渝。

除此之外，孟子在这篇文章中还提到其他几个句子，同样非常重要："居天下之广居，立天下之正位，行天下之大道。得志，与民由之；不得志，独行其道。"以"仁""礼""义"为立身安命的根本，"穷则独善其身，达则兼济天下"，孟子之后，这也成了不少人寻找生命价值的指针。

这几句话，可以说是金句、名句，格外引人注目，但想要深入理解它们的意义，就必须回到前面那个重要的问题：作为战国时期纵横捭阖的重要人物、众多人心中的偶像，公孙衍、张仪真是没有主见的人吗？为什么孟子会如此蔑视他们呢？

公孙衍、张仪确实很威风

在对孟子的观点做出评价之前，我们不妨先了解一下公孙衍和张仪这两个人物，看看他们都做过些什么，在战国时期有什么样的地位。

先说公孙衍。虽然流传至今的史籍中有关他的记载不多，但零星的记载显示，他对战国时局的影响一度举足轻重。

公孙衍生于秦国的邻国魏国，最初出仕于魏，后又前往秦国参军，因战功卓著，逐渐加入秦魏之间的河西之争，得到了秦惠文君的重用。在这场持续了数十年的地盘儿拉锯战中，秦魏之间各有胜负，始终难以击垮对方，但随着秦国国力的上升，以及公孙衍的直接领导，魏国的兵力大损，再难与秦国抗衡。此役为秦国迈向中原打开了大门，公孙衍因此而获封大良造——这是当时秦国级别最高的军功爵。但公孙衍并不满足，后因未能顺利出任秦国相邦而愤然离去，返回魏国出任犀首（一说相邦）一职，统领魏国军队。

此时的魏国已是千疮百孔，公孙衍决意团结其他国家，一起对抗秦国，于是先后联合韩、赵、燕、中山四国，发起了著名的"五国相王"事件，即五国君主互相称王，共同进退。这种同盟关系虽然并不牢靠，但它们南北合纵，一起对抗西方的强秦，不失为上上之策。公孙衍因首倡合纵之功，得以身佩五国相印，风光无限。所以，说他"一怒而诸侯惧，安居而天下熄"，虽有夸张的成分，倒也不算离谱。

再说张仪。他的大名在战国时期更是如雷贯耳。据记载，张仪是战国时期著名谋略家、军事家鬼谷子的学生，具有非凡的战略眼光。在秦国为官期间，他凭借超群的游说能力，辗转于列国之间，为秦国讨得不少利益，包括大片的土地。在公孙衍因未出任秦国相邦而离秦

"一怒而诸侯惧，安居而天下熄。"以公孙衍、张仪为代表的纵横家确实能在一定程度上决定一个国家的对外政策和未来命运

时，正是张仪获得了公孙衍梦寐以求的相邦一职。后来，张仪还拥戴秦惠文君正式称王（前324年），对秦国而言可谓功勋卓著。公孙衍提出合纵抗秦策略时，张仪则坚持连横针锋以对。在张仪的斡旋下，很多诸侯国与秦国交好，为秦国赢得了进一步发展的空间，以致后来的秦国客卿李斯在著名的《谏逐客书》中对张仪表达了热烈的赞扬："惠王用张仪之计，拔三川之地，西并巴、蜀，北收上郡，南取汉中，包九夷，制鄢（yān）、郢（yǐng），东据成皋之险，割膏腴之

壤，遂散六国之从（纵），使之西面事秦，功施（yì）到今。"司马迁在《史记·张仪列传》中称张仪为"倾危之士"。这些足见张仪在战国时期的影响力。

就结束混乱的战国时期、开启统一新格局的趋势而言，公孙衍和张仪确实在一定程度上顺应了时代潮流。但他们为什么就入不了孟子的法眼呢？实际上，孟子不仅对公孙衍和张仪不以为意，就连春秋时期齐国政治家、著名的贤相管仲，他也颇有微词。

孟子也瞧不起管仲

孟子轻视公孙衍和张仪多少可以理解，因为他们身为纵横家，难免为争取自身利益，在政治和外交方面使用违情悖理的手段，以致模糊了智能和狡诈的界限。公孙衍自不待言，张仪的一些做法如今看起来确实很不厚道。比如，张仪曾以欺骗的手段将楚怀王玩弄于股掌之间，说许地六百里给楚国，最后竟诈称六里，致使秦楚之间发生大战。楚国的实力大损，由盛而衰。后来，楚怀王被秦国扣留，因不愿割让土地而客死异乡。秦人把他的遗体送还楚国时，"楚人皆怜之，如悲亲戚"。尽管楚怀王难称贤君，但他悲惨的结局依然强化了人们对张仪的负面印象。

相比于公孙衍和张仪，管仲则是鲜少争议的历史人物。他辅佐齐桓公，对内大兴改革、富国强兵，对外尊王攘夷、九合诸侯，使齐桓公成为春秋五霸之首，可谓成绩斐然。然而，孟子还是瞧不上他。

　　孟子的弟子、齐国人公孙丑曾问孟子："夫子当路于齐，管仲、晏子之功，可复许乎？"意思是，先生如果在齐国当政，能使管仲、晏婴取得的政绩再现吗？谁知孟子一听很不高兴："子诚齐人也，知管仲、晏子而已矣。"意思是，你可真是齐国人啊，只知道管仲、晏婴。孟子认为，管仲受到齐桓公无条件的信任，并且行使权力的时间那么长，取得的成绩实在太少了。

　　公孙丑追问道，管仲辅佐齐桓公称霸天下，晏婴辅佐齐景公名扬天下，难道这两位圣贤还不值得相比吗？孟子解释说，如今的齐国方圆千里，人口稠密，这么好的条件，完全可以施行仁政。如此，天下便谁也不是它的对手了。而且现今的齐国，未有明君已久，民众遭受的苦难前所未有，"饥者易为食，渴者易为饮"，只要施行仁政，必会得到百姓的拥戴，进而事半功倍。如此成就的大业，自然是管仲、晏婴所难以想象的。

　　其实，不只是孟子看不上管仲，包括孔子在内的很多儒士，都对管仲抱着轻视的态度。曾西是孔子弟子曾参的儿子（一说孙子），一次有人问他："老兄，你和子路（孔子弟子）相比，谁更优秀呢？"曾西不安地说："子路是我父亲所敬重的人，我怎么敢跟他相提并论呢。"那人又问："那老兄和管仲比呢？"曾西顿时不高兴起来，说道："你怎么能拿他和我比呢！"所以，儒家学派对管仲秉持的态度基本上是一致的——他再优秀，也别拿我和他比。

　　如今看来，孟子和曾西对管仲的态度，未免不够客观。身为古代

孟子被后世誉为"亚圣"，他和孔子一样，曾周游列国宣扬儒家的仁爱思想。只是在强者胜的春秋战国时代，他们没有被重用

难得的贤相、"圣人之师"，管仲的成就还是值得肯定的。而公孙衍和张仪，也并非一无是处。当然，孟子贬低他们也并非浅薄，实在是儒家的施政策略和政治理想与他们大不相同。

道不同，不相为谋

战国时期，诸侯纷争，谋士们纷纷游走列国，献计献策，其主要内容不外如何富国强兵、增强自保及吞并他国的实力。这固然在客观

上推动了历史的车轮滚滚向前，但也致使生灵涂炭，民不聊生。面对这种状况，孟子对各种暴力手段深恶痛绝。

孟子见梁襄王，"望之不似人君"，靠近了看，更不见梁襄王有任何谦虚之德、戒惧之情。就是这样一位国君也想称霸天下，于是他向孟子发问：谁能统一天下？孟子回答，不嗜杀人的国君能当此大任，可惜天下的国君，没有一个是不嗜杀的。如果真有这样一个国君出现，普天之下的百姓必然会伸长脖子仰望他，像水往低处流一样归附他，任谁都不能阻挡！

孟子的话反映了他的政治主张：反对以杀伐的方式平天下。而公孙衍、张仪，要么直接参与战争，一次性斩杀数万人，要么以强大的武力为后盾，进行恫吓、欺诈，最后同样以战争作结，血流成河。这都是孟子不希望看到的。公孙衍、张仪这种行为方式和"以顺为正"、没有骨气有什么关系呢，只是证明了他们的凶残吧？孟子指出，当时各国君主的愿望就是开疆拓土、吞并他国，而这些诸侯国的谋臣和将

高分句子铺

子曰："饭疏食饮水，曲肱（gōng）而枕之，乐亦在其中矣。不义而富且贵，于我如浮云。"——《论语·述而》

积羽沉舟，群轻折轴，众口铄金，积毁销骨。

——《史记·张仪列传》

领只会逢迎，顺着国君的愿望行事，绝不会站在百姓的立场上为他们着想，这不是"以顺为正"、没有骨气又是什么呢！

针对春秋五霸和当时的诸侯国，孟子给出了一个评价体系，可以算作他内心的一个"鄙视链"："五霸者，三王之罪人也；今之诸侯，五霸之罪人也；今之大夫，今之诸侯之罪人也。"在孟子看来，夏商周三代的开创者夏禹、商汤、周文王（一说夏禹、商汤和周代文王、武王）以仁德获天下，堪称理想之君。而齐桓公、晋文公等春秋五霸，以霸道获天下，虽尚能受到仁德的制约，但显然已破坏了三代圣王治天下的准则。至于那些活跃于列国之间、怂恿混战的士大夫，一味逢君之恶，更是罪大恶极。所以，孟子认为，对那些善于打仗、杀人盈城的人很有必要处以"上刑"，对那些善于游说、鼓动战争的人则很有必要处以"中刑"。通过这条"鄙视链"可知，孟子对张仪、公孙衍甚至管仲的批评，并非出于一时义愤，而是出于对儒家理想的深入思考。

"民为贵，社稷次之，君为轻"，这是孟子在当时发出的振聋发聩之声。尽管这种民本思想在战国时期很难贯彻施行，但"不废江河万古流"，只要有"富贵不能淫，贫贱不能移，威武不能屈"的大丈夫存在，一个美好的时代终究可期。

张仪的对手并非苏秦

因为《史记》和《战国策》两本重要史书的记载，一提起张仪，人们往往会想到战国时期另一位著名人物苏秦。2000多年来，苏秦和张仪这两位同出于鬼谷子门下的高人，一直被说成是战国后期合纵连横斗争中的对手——苏秦大搞合纵，而张仪坚持连横。但20世纪70年代，随着湖南长沙马王堆汉墓中一些帛书的出土，人们意识到他们之间的关系或许并非之前记载的那样。

马王堆出土的帛书，有一部分是关于战国纵横家的，被学者们命名为《战国纵横家书》。其中一些文字在《史记》和《战国策》中尚可见到，但也有很大一部分文字是两书所没有的，主要是苏秦作为间谍向燕国提交的工作报告。这些文字所述的历史与此前人们熟悉的苏秦事迹有不小的出入。比如，根据这些帛书的记载，张仪比苏秦早逝世近30年，苏秦的主要活动均在张仪身死之后，两人基本没什么"对手戏"。当然，也有学者指出，《战国纵横家书》仅是一家之言，未必就是真的历史。但更多人认为，张仪当时的主要对手应是公孙衍，而非苏秦。

《鱼我所欲也》：
"万钟于我何加焉"，孟子真的不是说说而已

鱼，我所欲也；熊掌，亦我所欲也。二者不可得兼，舍鱼而取熊掌者也。生，亦我所欲也；义，亦我所欲也。二者不可得兼，舍生而取义者也。生亦我所欲，所欲有甚于生者，故不为苟得也；死亦我所恶，所恶有甚于死者，故患有所不辟也。如使人之所欲莫甚于生，则凡可以得生者何不用也？使人之所恶莫甚于死者，则凡可以辟患者何不为也？由是则生而有不用也，由是则可以辟患而有不为也。

《孟子》◎《鱼我所欲也》

真题面对面

将选文中画线的语句（下面的句子为画线语句）翻译成现代汉语。

生亦我所欲，所欲有甚于生者，故不为苟得也。

甲乙两文（甲文为《鱼我所欲也》的节选内容）分别体现了孟子怎样的观点？请用四字短语概括。

藏在课本里的小古文密码

思考知识点

　　《鱼我所欲也》选自《孟子·告子上》，讲的是生死和道义的关系，并以鱼和熊掌来做类比。在鱼和熊掌之间做选择，并不难，就好像如今在经济型轿车和豪华型轿车之间做选择一样。顺着这个逻辑，在生死和道义之间你会做何选择呢？这个问题就比较难了。孟子主张舍生取义——生死固然事大，但都不能与义相提并论。这并不是很难明白的道理，"非独贤者有是心也，人皆有之"，但直面选择的时候，不少人又难免违背原则。

是什么让人违背原则呢？孟子指出，是各种各样的诱惑。当没有诱惑的时候，你哪怕饿死也不接受嗟来之食。可当给你豪华的住宅、给你"万钟"的待遇时，你为了"宫室之美"，为了"妻妾之奉"，为了获得别人的感激，此前构筑起来的人格底线，便瞬间瓦解了。而贤者之所以是贤者，并非面对诱惑不动心，只是能克制和约束自己罢了。因此，孟子真诚地呼吁：一定要坚守做人的本心，不要因为各种诱惑而迷失了自我，失去了灵魂。

既然一个人在没有诱惑的时候更容易坚守本心，那么，重道义的孟子，可曾经历过诱惑当前的时刻？"万钟则不辩礼义而受之，万钟

主张"舍生取义"的孟子，确实是一位有着浩然之气的大学者

于我何加焉！"孟子的话中透着对"万钟"的轻蔑，这是一种酸葡萄心理吗——得不到的自然不好？我们不妨来看看"万钟"的薪酬到底是个什么概念，孟子又是如何面对这样的薪酬的。

孟子的工资很惊人

孟子是儒家学派继孔子之后的又一位大师。尽管他提出的"仁政"主张很难为各诸侯国所推行，但人们不得不承认，他确实是一位才华横溢、有着浩然之气的大学者。所以，当孟子像孔子一样周游列国时，各诸侯国都给予了他应有的优待。从薪酬待遇看，孟子的巅峰时期应该是他第二次去齐国当国卿的时候。据《孟子》中孟子自己透露，他老人家当时的薪酬或高达十万钟粟。这是什么概念呢？

孟子曾在齐国工作，那不妨以齐国的经济情况来做一下核算。据《管子·轻重甲》记载："终岁耕百亩，百亩之收，不过二十钟。"也就是说，春秋时期，齐国一百亩田的粮食产量仅为二十钟粟。算下来，十万钟粟就是五十万亩田一年的产量。与春秋时期相比，战国时期的粮食单位面积产量有所提高，但应该不会相差太大。所以，孟子所说十万钟粟的薪酬，那是十分可观的。

另外，我们还可以从"钱"的角度来核算一下孟子的薪酬。据《管子·轻重乙》记载，十钟粟可以交换一锱（zī）金，"故粟十钟而锱金"。锱是怎样一种单位呢？在一锱究竟有多重的问题上，存在着四种解释，一说为六铢，一说为十二铢，一说为六两，一说为八两。其中，东汉儒学大师郑玄在给《礼记》作注时认为，一锱的重量是八两。按照这个说法，孟子的收入为八万两金，这个数字是相当惊人的。不过，有学者指出，春秋战国时期的金应当为铜。即便如此，八万两铜也是很大一笔财富了。不过，春秋时期各地粮食和"金"的兑换价格不一样，《管子·轻重乙》又说，山东诸侯国粮食与金的兑换关系为"五釜而锱金"，也就是五釜粮食换八两金。一釜是多重呢？按照《晏子春秋》的说法，"釜十则钟"，十釜相当于一钟。照此标准，孟子的薪酬为十六万两金，数量更加惊人。考虑到《管子》说的是春秋时期的情形，这种换算自然不太准确，但多少还是可以参考的。

这样看来，如果孟子他老人家所说的"十万钟"不是虚指，他确实是见过大世面的人，完全有机会对名利的诱惑说"不"。

敢对诱惑说"不"

有机会对诱惑说"不"是一回事儿，敢于对诱惑说"不"是另一回事儿，而孟子确实是敢于对诱惑说"不"的人。

孟子在齐国拿了一段时间的高薪，可齐宣王对他的政治主张不太感兴趣，做重大决策时甚至常把孟子晾在一边，这让孟子有些失望。比如在对燕国的决策上便是如此。公元前314年，齐宣王借机伐燕，只用了很短时间便大获全胜。齐宣王问孟子，应该怎样对待被占领的燕国。孟子说："王速出令，反其旄倪（màoní），止其重器，谋于

燕众，置君而后去之，则犹可及止也。"燕国作为一个和齐国地位相当的诸侯国，实力不容小觑。想要迅速吞掉一头巨兽，谈何容易，何况孟子一向反对暴政，于是便建议齐宣王赶紧撤军，归还俘虏的百姓、掠夺的财物，让燕国人自行管理他们的国家，否则必有后患。这不是让老虎把到嘴的肉吐出来吗？齐宣王自然不乐意。结果，燕国人直接发起了叛乱。就这样，雇佣方和被雇佣者的矛盾越来越突出，孟子决定放弃高薪，离开齐国。

对燕国的政策没有取得预期效果，齐宣王对孟子也有一些愧疚。既然不能施行孟子的主张，那就把他当大师供养起来吧。于是，齐宣王托大臣向孟子转达了自己的建议："我欲中国而授孟子室，养弟子以万钟。"意思是，"您还是别走了，行政事务您不愿意做，那我在国都的黄金地段建一个学院，您在这里教书，薪酬万钟，好不好"？

孟子回答："辞十万而受万，是为欲富乎？"意思是，"放弃薪酬十万钟粟的工作，做薪酬一万钟粟的工作，我是想发财想疯了吗"？孟子的话中充满嘲讽之意。最后，他毅然辞掉了齐国的工作。从孟子的这句话中可以知道，他此前的薪酬或为十万钟。当然，孟子这里多是虚指，"十万钟"只是表示自己之前的薪酬更高而已。

即便孟子的薪酬没有"十万钟"，但也不会很低。孟子凭什么在齐国有如此高的薪酬呢？主要是因为他的地位。据《孟子·万章下》记载，孟子在齐国的职务为"卿"，而根据当时的规定，"大国地方百里，君十卿禄，卿禄四大夫"，可见"卿"的地位是比较高的。

孟子在齐国的待遇固然不错，但理想不能实现，留也无益，他最终选择了离开。不过，齐宣王的做法也确实令人诧异——员工想要辞职时，却用一份薪酬待遇不怎么样的工作来挽留，只能说他们的君臣缘分确实走到了尽头。

君子爱财，取之有道

　　面对"万钟"而心不动，是不是说比"万钟"更少的钱，孟子就更看不上呢？当然不是，这从孟子和学生的一次对话中可以看出。

　　孟子对学生们的态度是比较亲和的，学生们可以就孟子的行为提出疑问。有一个叫陈臻的学生曾质问孟子："前日于齐，王馈兼金一百而不受；于宋，馈七十镒（yì）而受；于薛，馈五十镒而受。前日之不受是，则今日之受非也；今日之受是，则前日之不受非也。"意思是，"老师您前一阵子在齐国的时候，齐王送给您上好的黄金一百镒，您不要。可怎么到了宋国，人家送给您七十镒，您却要了。更加过分的是，在薛地，薛君送您区区五十镒，您也接受了。如果以前拒绝是对的，那今天的接受就是错误的；如果今天的接受是对的，那之前的拒绝就是错的"。陈臻对孟子的行为感到很困惑。

　　孟子回答说："我做的三个选择都没有错。在宋国的时候，我们要远行，盘缠是少不了的。'行者必以赆（jìn）'，按照传统，对远行之人一定要送些盘缠。因此，宋君送给我钱，我应该接受。在薛地，路上不安全，我有一些戒心，辞曰：'闻戒，故为兵馈之'，对

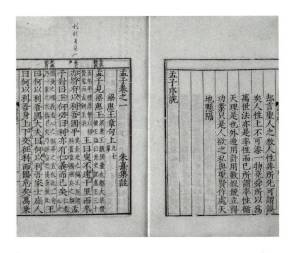

明嘉靖年间《孟子》印本书页。《孟子》一书传承儒家思想，文字雄健优美，但它成为儒家经典有一个过程，其中后蜀皇帝孟昶（chǎng）发挥了独特作用。他命人将"十一经"刻石，《孟子》首次跻入诸经之列。南宋时，朱熹将《孟子》列入"四书"并为之做注，正式确立了《孟子》一书的经典地位

需要保障自身安全的人，要奉上钱买些武器。为此，薛君送给我钱，我也应该接受。至于在齐国，我没有任何理由接受别人的馈赠。'无处而馈之，是货之也'，没有理由却要奉送钱财，这是一种贿赂。哪有正人君子会被收买呢？"从这里可以看出，关于钱，孟子还是坚持"君子爱财，取之有道"这一原则的，并不在钱多还是钱少。

质问孟子的学生不止一个，据《孟子》记载，有个叫彭更的，也曾对孟子发难："您这些年在各诸侯国走动，跟随的车几十辆，跟

从的人几百个，从这一国吃到那一国，这不是太过分了吗？"孟子回答："非其道，则一箪食不可受于人；如其道，则舜受尧之天下不以为泰。子以为泰乎？"意思是，"不合于大道，就是一篮子饭我也不从别人那儿接受；合于大道，舜甚至接受了尧的天下，你觉得过分吗"？这一回答可谓正义凛然。

彭更继续说："我不是这个意思。'士无事而食，不可也'，读书人不干实事儿而得到吃食，这公平吗？"孟子指出，各行各业互通有无非常重要，木匠、车工通过劳动可以获得农民种的米、妇女织的布。而一个尊敬兄长、恪守礼法的人，教育后学，难道不值得从你那里获得吃食吗？"子何尊梓匠轮舆而轻为仁义者哉"，你为什么尊敬木匠车工而轻视践行仁义的人呢？彭更看重的是有形的劳动，而孟子指出了思想的重要性。随着社会的发展，士这个阶层将在社会发展中扮演越来越重要的角色。

从以上资料来看，孟子说"万钟于我何加焉"，还真不是随便说说。其中既有对名利的淡然、对权贵的蔑视，又有对自身价值的肯定，更有对仁政的始终坚守。孟子被称为"亚圣"，可谓实至名归。

高分句子铺

君子有三乐，而王天下不与存焉。父母俱存，兄弟无故，一乐也。仰不愧于天，俯不怍（zuò）于人，二乐也。得天下英才而教育之，三乐也。——《孟子·尽心上》

孔子的收入有多高

孟子的薪酬可以说非常可观。那么，作为儒家的创始人，孔子的薪酬如何呢？

孔子离开鲁国，第一站去的是卫国。司马迁在《史记·孔子世家》中记载："卫灵公问孔子：'居鲁得禄几何？'对曰：'奉粟六万。'卫人亦致粟六万。"也就是说，孔子在鲁国做官时拿的最高薪酬是粟六万，于是卫灵公也开出了粟六万的工资。只是有一个问题，这里司马迁只交代了数字，却没给出单位。那么，这里是粟六万钟、六万石、六万斗，还是六万升呢？不管是哪一个单位，孔子的薪酬都是非常可观的。对此，我们还可以通过比较来看看。

原宪是孔子的弟子，他出身贫寒，生活比较艰苦，深得孔子关照。有一次，孔子决定聘请原宪做家宰，帮助管理孔家的事务，并"与之粟九百"。原宪当然知道这是老师关照自己，本想推辞。但孔子说："不要推辞，多余的就分给你的邻里乡亲吧。"对没有官职的原宪来说，"粟九百"已是不错的收入，但与孔子的薪酬相比，还是有很大差距的。

尽管卫灵公给的工资还可以，但他接下来的一个问题还是让孔子萌生了离开的念头。"卫灵公问陈（阵）于孔子。孔子对曰：'俎豆之事，则尝闻之矣；军旅之事，未之学也。'明日遂行。"是孔子真的不懂军事，只懂祭祀的礼仪吗？当然不是，是因为他提倡仁政，反对暴力。

第二辑

史学家的

温度

《咏雪》：
咏雪扬名的谢道韫，为何被赞有"林下风气"

谢太傅寒雪日内集，与儿女讲论文义。俄而雪骤，公欣然曰："白雪纷纷何所似？"兄子胡儿曰："撒盐空中差可拟。"兄女曰："未若柳絮因风起。"公大笑乐。即公大兄无奕女，左将军王凝之妻也。

《世说新语》◎《咏雪》

真题面对面

【2019年湖北荆州中考语文试题】
现代国学大师余嘉锡先生曾评价谢道韫，说她"以一女子而有林下之风，足见其为女中名士"。请结合本文（《谢道韫：从〈三字经〉里走来》），说说你对林下之风的理解。

在古典小说《红楼梦》中，作者曹雪芹用一首诗概括了"金陵十二钗"中薛宝钗和林黛玉的人生际遇："可叹停机德，堪怜咏絮

才。玉带林中挂，金簪雪里埋。"这里曹雪芹用了两个著名的历史典故，一个是"停机德"，一个是"咏絮才"。

"停机德"说的是汉朝乐羊子妻的故事。乐羊子远出寻师求学，因为想家，只过了一年便回来了。当时他的妻子正在织布，知道乐羊子回家的原因后，便拿起剪刀直接把织布机上辛苦织的布剪断了，以此来告诉乐羊子学业中断将前功尽弃，希望他不要半途而废。

"咏絮才"说的便是东晋诗人谢道韫以柳絮喻雪的故事。有一天，天降大雪，东晋名士谢安把谢家的孩子们集中到院里赏雪。借

此机会，他出了一个用比喻造句的题目："你们说这雪纷纷而下像什么？"这个题目看似简单，但要将下雪的样子形容得贴切，并非易事。谢家子弟中有个叫谢朗的，率先回答："就像空中撒盐一般。"盐和雪的颜色纵然相似，但两者的重量相差不少，下雪的速度感自然没有得到很好的展现。谢道韫深悟其理，立刻说道："不如柳絮因风而起贴切。"谢安大笑，深感欣慰。柳絮的轻盈、洁白和动态，与落雪显然更配。

谢道韫的文学才华备受称赞，然而，这样一个奇女子，她的一生

谢道韫作为古代才女，留下了"咏絮才"的典故

并不就是聊聊天、看看雪这么云淡风轻，而是经历了惊涛骇浪、血雨腥风。历史不曾漫不经心地忽略她，她也没有漫不经心地忽略自己的才华。

胸怀大志

谢道韫的家族并不简单，唐朝刘禹锡诗云"旧时王谢堂前燕，飞入寻常百姓家"，其中的"谢"，指的就是谢道韫所在的谢家。这个家族的荣华富贵已成过眼云烟，但其历史痕迹不可抹去，这里只需提到一个人就足以让人肃然起敬，那就是淝水之战的总指挥谢安。

淝水之战是晋孝武帝太元八年（383 年）东晋和前秦之间发生的一场战争。此役谢安以 8 万士兵力克号称拥兵 87 万的（实际参战的有 20 多万）前秦大军，是我国历史上著名的以少胜多的战役，并为后世留下了"投鞭断流""草木皆兵""风声鹤唳"等多个成语。

谢安虽历任朝廷多个职位，但通音律、善诗书的他最初并不想为官，曾屡辞任命，过着隐居山林、教育谢家子弟的生活。后来，谢氏家族在朝中为官的人尽数逝去，他才决定东山再起，由此可见他颇有使命感和荣誉感。谢安的兄长名叫谢奕，正是谢道韫的父亲。生活在这样一个文采风流的大家族，谢道韫的学习压力可想而知，好在她没有辜负家人的期许。

谢道韫从小就喜欢读书，胸怀大志。在谢家的一次"读书汇报

| 淝水之战是我国历史上著名的以少胜多的战役

会"上，谢安问大家："《诗经》里的诗，你们觉得哪句最佳？"谢道韫的弟弟谢玄回答："昔我往矣，杨柳依依。今我来思，雨雪霏霏。"这是《诗经·小雅·采薇》中的诗句，描述了一位征夫在返乡途中的慨叹，诗句情景交融，确实非常精彩。谢道韫则回答："吉甫作诵，穆如清风。仲山甫永怀，以慰其心。"这是《诗经·大雅·烝民》中的诗句。此诗被认为是周宣王时代的重臣尹吉甫所作。周宣王派仲山甫去齐地筑城，临行时尹吉甫作此诗赠给他，宽慰仲山甫不要有任何顾虑，只管好好建功立业。两位朝廷重臣互相鼓舞，为国为民，使整首诗充满了英雄豪情。谢道韫能欣赏这样的诗作，其人生格局自然非比常人。颇具诗才的谢安当然也很喜欢《采薇》中的诗句，但从"言志"的角度看，他显然更欣赏谢道韫的回答。因为他认为《诗

经》中最好的句子是"订谟定命，远犹辰告"，意思是稳定邦国，使百姓不再忧虑。这和谢道韫所喜欢的诗句一样，都蕴含了胸怀天下的大志。

身为家中长女，谢道韫除了自己非常上进，还承担了教育弟弟的责任。有段时间，谢玄不思进取，谢道韫不禁怒斥道："你整天为无关紧要的事情忙碌，要是你没有天赋也就算了，如果有志向又有天赋，如此下去简直是虚度年华。"

谢玄确实很有才华，向来为谢安所器重。谢安曾问谢玄等人："你们身为谢家子弟，大可不必出来做事，但为什么还要好好学习，使自己更具才能呢？"一时间谁也没有回答上来，最后谢玄说："譬如芝兰玉树，欲使其生于阶庭耳。"谢安听后非常高兴——一个人之所以要学习，当然是为了让自己变得更美好。在谢道韫和谢安的悉心教育下，谢玄逐渐显示出卓越的军事才能。淝水之战中，他出任前锋都督，为谢安赢得战争胜利立下了汗马功劳。

林下风气

谢道韫长大后，按照门当户对的原则，嫁入了当时的另一个豪门大族：琅琊王氏。王氏家族在魏晋时期名士辈出，不少人身居朝廷要职，以至有"王与马，共天下"的说法。刘禹锡诗"旧时王谢堂前燕，飞入寻常百姓家"中的"王"便指王家。东晋著名书法家王羲之便是王氏家族中的佼佼者，而谢道韫嫁到王家，成为王羲之的儿媳。

王羲之有王徽之、王献之等好几个孩子，谢安为谢道韫选择的丈夫，是王羲之的次子王凝之。尽管王凝之也继承了父亲书法方面的才能，但其整体素养并不能与谢道韫相提并论。所以，谢道韫对王凝之非常不满。婚后不久，谢道韫回娘家，谢安看她闷闷不乐，便问道："王凝之是王羲之的儿子，并非庸才，你为什么对他如此愤恨呢？"谢道韫怒气冲冲地说："我们谢氏一族，叔父辈中有你们兄弟，兄弟辈中有谢韶、谢朗、谢玄、谢渊他们，个个都很出色。可天地之间，怎么还有王凝之这样的人呢！"

谢道韫埋怨王凝之，当然有她埋怨的资本。因为有时她会以实际行动来展示过人的才华。魏晋时期，士大夫中间流行清谈。所谓清谈，就是针对一些玄学问题互相诘难、反复辩论。在一次这样的"辩论会"上，王献之有些招架不住了，"词理将屈"。这样下去，王家的面子可就丢大了。关键时刻，谢道韫决定出来救场，于是派丫鬟对王献之说："欲为小郎解围。"王献之为王羲之第七子，当时应该年龄不大。他少负盛名，才华过人，算是王氏家族中的佼佼者，后来在书法史上与其父王羲之并称"二王"。当然，那时的女性不能随便在客人面前抛头露面，于是谢道韫用一扇青绫屏风把自己遮了起来，沿着小叔子王献之刚才的思路，对客人的观点发起了猛烈攻击，最后谁也不能将她驳倒。可想当时谢道韫的才华一定震惊了东晋的文化圈和社交圈。

谢道韫才名在外，自然有人不服气。同郡中有一个和谢玄重名的

人，叫张玄，他的妹妹也很有才华，后来嫁给了姓顾的人家。张玄常说自己的妹妹比谢玄的姐姐强多了。当时恰好有位姓济的尼姑，认识谢道韫，也认识张玄的妹妹。好事者便问这位尼姑，她们两人究竟谁厉害。这位尼姑答道："王夫人神清散朗，故有林下风气；顾家妇清心玉映，自是闺房之秀。"听上去两人各有优点，势均力敌，其实魏晋时期更崇尚自由洒脱的性情，所以谢道韫获得了更高的评价。林下之风，从此被用来形容女子有才华、有风骨。

惨遭劫数

尽管谢道韫对王凝之没有好感，但他们还是在一起生活了很多年。晋安帝隆安三年（399 年），他们迎来了人生中的一场劫数。

这一年，因为朝廷征兵，琅琊孙氏中的孙恩起兵造反，很多地方皆有响应，当地官员不是被杀就是弃郡逃亡。孙恩为诛杀异己，不惜大开杀戒，就连孩子也不放过，死者甚众。孙恩率军来到会稽郡（治山阴，今浙江绍兴）时，王凝之作为会稽内史负责守卫会稽城。王凝之一不率兵迎战，二不向外求援，深信孙恩不会攻打会稽城，因为他觉得自己和孙恩都信奉"五斗米道"，是同道中人，更是老友。以致孙恩打到家门口时，王凝之还在作法祈祷，请求鬼神相助，结果被孙恩一刀毙命。王凝之和谢道韫的几个孩子也接连被杀。

谢道韫目睹丈夫和儿女的惨状，原本平静的她变得悲愤交加，让下人用肩舆（一种轿子）抬着她，抽出利刃，直接杀入了敌阵，"手杀数人"，终因不敌，被孙恩俘虏。孙恩对谢道韫本就敬重，再看到她持刃奋战的情景，更是敬佩不已，但并不打算杀她。当时，谢道韫年幼的外孙正在这里，孙恩打算向他下手。谢道韫对孙恩喊道："事在王门，何关他族！必其如此，宁先见杀。"意思是，这是王家的事，外孙是别人家的孩子，你若是非要杀人，就先杀了我吧！孙恩虽然毒虐，但最后还是放过了他们。

孙恩之乱被平以后，新任会稽太守刘柳前来拜访谢道韫。谢道韫先谈了自己的家事，然后回答了刘太守的问题，"慷慨流涟""词理无滞"，使人心形俱服。

晚年的谢道韫当然很孤独，一代才女的生命就这样渐渐萎谢了，正所谓"舞榭歌台，风流总被，雨打风吹去"！她的诗作有一部分流传至今，我们依然能通过这些作品感受她的林下之风，比如这首《泰山吟》："峨峨东岳高，秀极冲青天。岩中间虚宇，寂寞幽以玄。非工复非匠，云构发自然。气象尔何物，遂令我屡迁。逝将宅斯宇，可以尽天年。"

高分句子铺

休言女子非英物，夜夜龙泉壁上鸣！——[清]秋瑾《鹧鸪天·祖国沉沦感不禁》

草树知春不久归，百般红紫斗芳菲。杨花榆荚无才思，惟解漫天作雪飞。——[唐]韩愈《晚春》

比喻的境界

　　比喻不仅是一种重要的写作手法，实际上也是一种重要的认知方式。"本体"和"喻体"如何组接，决定了我们如何通过一种事物来认识另一种事物，以及认识的深浅。所以，比喻是一种讲究境界的艺术。

　　比喻之所以能产生不同的境界，主要在于"本体"和"喻体"的差异度和比喻所阐述的思想的深浅。一般而言，"本体"和"喻体"的距离越远，越令人称奇。所以，至高境界的比喻中，"本体"与"喻体"的差异性往往较大，且富于思考的空间。比如著名散文家史铁生曾写过这样一个比喻：如果以梦对应四季，冬天就是干净的土地上一只孤零的烟斗。这里，冬天与烟斗的距离很远，将两者并置，着实令人称奇。

　　第二境界的比喻，"本体"与"喻体"的距离也可以很大，给人的感觉也可以很鲜活，但往往不具有思想的冲力。比如"杀头好似风吹帽""思君如流水，何有穷已时"这样的比喻。而第三境界的比喻，便是比较没有特色的比喻。"本体"与"喻体"的距离较近，两者更多是形体上的相似，很难引起惊奇之感。唐代诗人徐凝写过"今古长如白练飞，一条界破青山色"的诗句，只因写瀑布时停留在"白"和"长"的特点上，让人全无心理感受，此诗遂被后人称为"恶诗"。

《诫子书》：
曾为隐士的诸葛亮，其实希望孩子多"接世"

> 夫君子之行，静以修身，俭以养德。非淡泊无以明志，非宁静无以致远。夫学须静也，才须学也，非学无以广才，非志无以成学。淫慢则不能励精，险躁则不能治性。年与时驰，意与日去，遂成枯落，多不接世，悲守穷庐，将复何及！

 诸葛亮◎《诫子书》

真题面对面

【2021年青海省中考语文试题】

文中（选文为《诫子书》）有两句话常被人们用作"志当存高远"的座右铭，请写出这两句。

中国人历来崇尚、重视家教，无论是《诫子书》《曾国藩家书》，还是《傅雷家书》，都体现了家教的魅力。《诫子书》是从哪两个方面进行"家教"的？

　　《诫子书》通常被认为是诸葛亮晚年写给他的幼子诸葛瞻的书信。作为三国时期极为勤勉的政治家，诸葛亮的后半生日夜为蜀汉事业操劳，鞠躬尽瘁，没有太多时间教育孩子，于是在这篇书信中写下了对孩子的谆谆告诫。古代家训，大都浓缩了作者毕生的经验和思想，希望后代可切实从中获益。作为后世公认的智者，诸葛亮的这篇《诫子书》阐述了修身养性、治学做人的道理，充满了智慧。

　　在这篇篇幅短小的作品中，诸葛亮总结了有助于人生精进的多种力量，比如静笃的力量、节俭的力量、超脱的力量、学习的力量、志向的力量、性格的力量、惜时的力量等。短短几十字，传递的信息却不少。其中一些名句，如"静以修身，俭以养德""非淡泊无以明志，非宁静无以致远"，更是令人回味无穷，深受教益。

　　关于教育如此富有心得，那么诸葛亮的家庭情况如何？他的孩子又培养得怎么样呢？

<h3 style="text-align:center">养子诸葛乔</h3>

　　相比刘备和曹操，诸葛亮可算东汉末期的后起之秀。他27岁左右跟随刘备出山，为刘备制订了三分天下的卓越计划。刘备去世后，

他主理蜀汉之政，勤勤恳恳，未敢稍有懈怠。建兴十二年（234 年）病逝前夕，他还在为蜀汉的事业奔波于战争前线。其人生轨迹，了解一些"三国史"，甚至稍微读过《三国演义》的人，都基本知晓。但其家庭状况如何呢？不少人除了知道他娶了一个相貌不佳的妻子，有一位兄长外，其他的恐怕就了解得不多了。

和刘备一样，诸葛亮也是中年得子。刘备得子刘禅时已年近 50，而诸葛亮同样是年近 50 才得子，这个孩子便是诸葛瞻。在诸葛瞻出

| 诸葛亮的《诫子书》文章虽短，内容却极富深意

生之前相当长的时间，诸葛亮也考虑过子嗣的问题，毕竟儒家经典上已经写了："不孝有三，无后为大。"

大家都知道，诸葛亮有个哥哥，名叫诸葛瑾，在东吴孙权处为官。诸葛瑾有个儿子很聪明，名叫诸葛恪，很有才华，后来也在东吴为官，而且是重臣，其地位甚至不在诸葛亮之下。诸葛恪是诸葛瑾的长子，诸葛瑾还有一个儿子，名叫诸葛乔。诸葛亮未生子之前，曾与诸葛瑾商议，将诸葛乔过继为养子。诸葛瑾就此事向孙权汇报后获得批准。此后，诸葛亮便把诸葛乔当成了自己的孩子。

时人认为，诸葛乔的才华不及哥哥诸葛恪，但性格要好很多。不管怎样，诸葛亮对诸葛乔的要求非常严格，唯恐他成为平庸之辈。在北伐中原的时候，诸葛亮并没有将诸葛乔这个驸马都尉留在后方过岁月静好的日子，而是让他跋山涉水，在环境恶劣的山谷中运粮草，带着几百名士兵风里来雨里去。诸葛亮希望通过这种方式让诸葛乔与大伙儿同甘共苦。可见做诸葛亮的孩子并不是一件容易的事。后来，诸葛乔先于诸葛亮死在了北伐的前线——汉中。

对儿子的评价很理性

227 年，诸葛瞻出生。诸葛亮虽说是中年得子，值得高兴，但他对儿子的评价很理性。建兴十二年（234 年），也就是诸葛亮离开人世那一年，他曾写信给兄长诸葛瑾，说："瞻今已八岁，聪慧可爱，嫌其早成，恐不为重器耳。"意思是，诸葛瞻现在已经 8 岁了，聪明可爱，只是过于早熟，如此下去，将来恐怕难成大器。这里，诸葛亮肯定了孩子的天赋，但也有一些隐忧。

后来，诸葛瞻精通书画，记忆力超群，17岁时娶蜀汉公主为妻，加上人们怀念诸葛亮，他逐渐走到了蜀汉的政治中心，成了朝廷重臣。每当朝廷颁布一项好的政令，尽管不是他建议的，百姓们也会互相转告，说这是"武乡侯"所提倡的。所以，《三国志》的作者陈寿认为，诸葛瞻的美名受到了父亲的荫庇，名不副实。但据前人考证，陈寿在诸葛瞻手下任职时曾被羞辱，所以他的记载是否准确也值得怀疑。

不管诸葛瞻的能力如何，有一点是肯定的，那就是他没有辱没诸葛亮忠贞的美名。景耀六年（263年），魏国征西将军邓艾奇袭蜀汉，诸葛瞻率军抵抗，因战争失利而退守绵竹。邓艾遣使诱降诸葛瞻说："如果你愿意投降，我一定上表封你为琅邪王。"诸葛瞻大怒，斩杀使者，率军出战，蜀汉和曹魏之间的最后一战——绵竹之战爆发。在这场惨烈的战争中，诸葛瞻与其子诸葛尚皆战死。随后，后主刘禅投降，蜀汉彻底退出了历史舞台。

陈寿在写《三国志》时认为，蜀汉的灭亡与诸葛瞻有很大关系。身为诸葛亮的儿子、朝廷重臣，他却一直放任后主刘禅宠信宦官，不加匡正。所以，宦官弄权固然有罪，诸葛瞻也难辞其咎。但正如前面所说，陈寿是否借创作《三国志》的机会污名化诸葛瞻，也未可知。

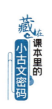

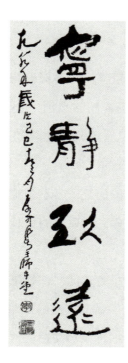 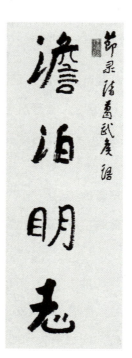

著名画家李可染行书四言联"淡泊明志，宁静致远"。《诫子书》中"非淡泊无以明志，非宁静无以致远"的名句，常被后人以"淡泊""宁静""淡泊明志""宁静致远"等方式活用，作为激励自己和他人的词句

经世致用，以身作则

读《诫子书》，很多人记住了"非淡泊无以明志，非宁静无以致远"这句话，用以激励自己避开纷扰，做好自我。这很容易让人忽略《诫子书》中的另外一句话，那就是"多不接世"。诸葛亮其实很讲

究经世致用——身具才华的人就应该为天下所用，为社会做出应有的贡献，死守穷庐是不可取的。所以，"躬耕南阳"的他，在适当的时机毅然随刘备出山，最后成就了一番大业，被千古传颂。

另外，诸葛亮在《诫子书》中强调"俭以养德"，他确实也做到了。临终之际，他给后主刘禅上了最后一道表《自表后主》，在其中提到了自己的财产状况，说他在成都有桑树八百株、田十五顷，诸葛家的子弟有了这些，吃饭穿衣也就够了。这点儿财产对一个丞相之家而言，不算少，但也不算多。至于他本人，他说自己的随身衣食，都是朝廷配备的，并无额外的财产。然后，他掷地有声地安排了自己的身后事："臣死之日，不使内有余帛，外有赢财，以负陛下。"其语铮铮，千秋之后仍能让人感受到力量。等到诸葛亮去世，他的财产状况与他所述完全符合。说到做到，所以他是有资格说"静以修身，俭以养德"这番话的。

诸葛亮之后，诸葛家族最引人注目的人物是诸葛恪。他一度辅政东吴，外御强敌，如日中天。但诸葛恪有一个致命的缺点，即急躁傲慢，不能容人，也就是《诫子书》里说的"险躁"。最终，他把自己

高分句子铺

三顾频烦天下计，两朝开济老臣心。出师未捷身先死，长使英雄泪满襟。——[唐]杜甫《蜀相》

彻底毁掉了。

吴建兴二年（253 年），诸葛恪不顾东吴上下一片的反对声，顽固地坚持北伐魏国，还特意写了一篇文章来说明自己的观点。他的好友丹阳太守聂友，写信劝他慎重考虑，诸葛恪高傲地回复说："你的格局太小了，好好读读我的文章吧，我的观点已经说得很清楚了。"

在这场战争中，诸葛恪狂傲不羁，肆意妄为，最终以惨败告终。诸葛恪自知攻魏失策，却仍不知收敛。为了树立自己的权威，他对手下多有责难，任由受伤士卒流落于道、抛尸沟渠，甚至罔顾朝廷诏令，一直不肯回军，直到诏书一封接一封送来，他才慢悠悠地返回。从此，人们对诸葛恪大失所望。最后，吴主孙亮和辅政大臣孙峻设宴埋伏，将诸葛恪诛杀，并灭其三族。

诸葛恪的例子可以说明，《诫子书》中所说"淫慢则不能励精，险躁则不能治性"，是含有深意的。东汉末年和三国时期，多少英雄豪杰因为"险躁"而失败，多少诸侯权臣因为"淫慢"而覆灭。诸葛亮作为东汉末年和三国时期大事件的参与者，应当是总结了当时不少教训才写出这两句话的。饱含血泪之言，当然是至理名言。

诸葛恪死后，诸葛瑾这一支被灭族。好在诸葛瑾还有一个儿子诸葛乔做了诸葛亮的养子。为了延续诸葛瑾的血脉，诸葛乔之子诸葛攀又将身份恢复为诸葛瑾的后代。诸葛家族的这番起起落落，多少验证了《诫子书》中的经验之谈，所以其中的经验教训很值得大家在成长的道路上学习和思考。

三个臭皮匠，缘何能顶诸葛亮

日常生活中，我们经常会用到一个俗语，叫"三个臭皮匠顶个诸葛亮"，意思是众人的智慧加起来，便赶得上诸葛亮的聪明，比喻人多智广。但这里为什么说三个"皮匠"，而不说三个裁缝或三个瓦匠呢？另外，我们都知道诸葛亮的才能主要集中在政治和军事方面，那么这里的聪明智慧具体指什么呢？如果是行军打仗的话，三个从没打过仗的皮匠加在一起，怎么能和诸葛亮相提并论呢？这里显然存在逻辑问题。那么，这个俗语到底是怎么来的呢？

其实，这里的"皮匠"是被误读了。这个词应该写作"裨将"，读音与"皮匠"完全相同。裨将就是军队中的副将或专管一方事务的将领。如果是裨将的话，那么这句俗语的意思就很容易说得通了：三个小军官的智慧加起来就顶得过诸葛亮这样的统帅了。

那么，"裨将"怎么会变成"皮匠"呢？主要因为"皮匠"与"裨将"是同音词，且"皮匠"容易写、容易记，更方便民间百姓口头使用。类似这样讹误的例子还有很多，比如将"杜拾遗（杜甫）"误作"杜十姨"，将"梁武帝"误作"梁五弟"，将"嫁乞随乞，嫁叟随叟"误作"嫁鸡随鸡，嫁狗随狗"，将"舍不得鞋子套不着狼"误作"舍不得孩子套不着狼"，甚至将"自由"误作"柿油"。

《陈太丘与友期行》：
小时候如此聪明的元方，后来怎么样了

陈太丘与友期行，期日中。过中不至，太丘舍去，去后乃至。元方时年七岁，门外戏。客问元方："尊君在不？"答曰："待君久不至，已去。"友人便怒曰："非人哉！与人期行，相委而去。"元方曰："君与家君期日中。日中不至，则是无信；对子骂父，则是无礼。"友人惭，下车引之。元方入门不顾。

刘义庆◎《陈太丘与友期行》

真题面对面

【2016年湖北恩施中考语文试题】

《陈太丘与友期行》通过对话描写刻画人物形象，文中的对话描写表现了陈太丘之友_____的性格。

　　《陈太丘与友期行》这篇文章语言精练，全文虽仅有103个字，却叙述了一个完整的故事，刻画了元方、陈太丘及友人三个性格鲜明的人物，可谓言简意赅。

　　这篇短文的主题思想，基本上是通过人物对话来揭示的。尽管这些人物对话只有三言两语，但句句紧扣文章中心。文章写友人与元方的对话有三句。第一句"尊君在不"，问得毫无谦恭之意，展露了此人性格的鲁莽。第二句"非人哉"，当着儿子的面骂父亲，更是十分粗鲁。第三句"与人期行，相委而去"，不自责失约的错误，反而诿过于人，看似有理，实则无理，同样暴露了此人不讲道理的性格特征。

　　文章写元方与友人的对话也有三句。第一句"待君久不至，已去"，是针对友人的问话而答的，不仅把父亲为什么先走说得很清楚，为后面批驳此人的无理斥责做了准备，而且话中有话，流露出对友人失约的不满。第二句"君与家君期日中。日中不至，则是无信"，针对友人强调"期行"而说的，"期日中"，而友人"日中不至"，当然就是失信，可谓直击要害，无可辩驳。第三句"对子骂父，则是无礼"，在指出友人"无信"的基础上，又指出友人"无礼"，把友人逼到了无言以对的境地。

　　由于这些对话具有鲜明的个性特征，虽然只有短短几句，也可看

《陈太丘与友期行》一文语言简洁，刻画的人物十分生动

出元方是多么聪明仁慧。元方了不起，其实他的父亲和兄长同样了不起，我们不妨通过史籍中的相关记载，看看他们的其他故事。

陈太丘确实德高望重

元方（陈纪，字元方）的父亲名叫陈寔（shí），为东汉颍川许县（今河南许昌东）人，是当地的贤能。他出身寒微，从小好学，《后汉书·陈寔列传》中记载他"坐立诵读"，手不释卷，非常努力。当地县令曾与他对谈，深以为奇，便把他推荐到了太学就读。后来，他官至太丘长，人们便称他为陈太丘。陈寔的人品备受赞颂，通过几件事可见一斑。

陈寔曾在颍川太守高伦的手下为官。当时正值东汉末年，宦官专权。有一次，中常侍侯览命令太守高伦任用一个人为官，这不仅不符合朝廷官员的任命流程，且听从宦官的颐指气使也是一件丢人的事。高伦很为难，但又不能不用。就在此时，陈寔悄悄跑过来说："这个人不可用，但侯览的命令又无法违背。这锅我来背，就说此人是我推荐任用的，跟您没关系就是了。"于是，为宦官办事的恶评就落在了陈寔头上。后来，高伦被提拔，到朝廷做尚书，地方士大夫都来送行。高伦当着这些人的面说明原委，大家才知道误会了陈寔。好事归功于别人，坏事一己承担，"由是天下服其德"。

另外，陈寔与"梁上君子"的故事也很值得一提。有一年，陈寔的家乡闹饥荒，很多人的生活难以为继，不得不铤而走险，偷盗他人财物，陈寔的家里也进了贼。此人偷偷趴在房梁上，准备伺机作案。陈寔有所觉察，但没有声张。他把家人叫过来，很严肃地教训他们说："为人一定要自我诫勉。坏人未必天生就坏，做坏事习惯了自然就成了坏人。我们家梁上那位君子，想必就是如此吧？"梁上的贼听后大吃一惊，马上从梁上跳下来请罪。陈寔看他不似恶人，没有把他送官治罪，而是好好教育了一番，还送了他不少财物，让其渡过眼下的困难。

从这则故事看，陈寔是个有谋略又有慈悲心肠的人。所以，这件事情妥善解决后，既教育了家人，又教育了盗贼，最后甚至还教育了一县百姓，"自是一县无复盗窃"。

元方，你怎么看

虎父无犬子，小时候就能不卑不亢地维护父亲形象的元方，长大以后又怎么样了？

元方长大以后，也是个很有出息的人，"以至德称"，后进之世无不推慕其风度。

当时宦官的势力更加强大，不少反对宦官专权的大臣惨遭处死、流放和罢黜，史称"党锢之祸"，为东汉的灭亡埋下了伏笔。元方作为士人代表，此时自然不乐意出来做官。他待在家里，"发愤著书数万言"，号曰"陈子"，难掩生不逢时的悲叹。

党锢之禁有所松动后，所有的朝廷任命，依然被他拒绝。但他的名气太大，不允许他低调在家。董卓进洛阳的时候，以五官中郎将的职位召元方进京。董卓是个杀人不眨眼的人，为了不连累家人，元方不得不赴京就任。到任之后，董卓又升他为侍中。后来元方出任平原相，当时袁绍、曹操等人正率天下诸侯讨伐董卓，董卓感觉有点儿招架不住，打算将都城从洛阳迁到长安，于是问元方："现在天下纷乱，关东一带兵起，洛阳恐不可久居，长安犹有宫室，我打算迁到那里去。元方，你怎么看？"

董卓可比当年那个骂他父亲的人可怕多了，然而，元方还像小时候那样，半点儿不怵。他义正词严地说："天下有道，四方皆是屏障。还是多修德政吧，这样天下人才能归附。把皇帝搬来搬去，并不是什么好方案。这样瞎折腾，貌似可以带来安全感，但战端一开，生灵涂炭，恐怕会适得其反，将有累卵之危、峥嵘之险。"这话董卓当然不爱听，但因为元方的威望实在太高了，董卓也只能听之任之。

这段对话的惊险程度是小时候家门口那段对话所无法相比的，不要说在现场，哪怕只是看史书记载，都要替元方捏一把汗。可见，元方童年就具备的勇敢机敏，长大了一点儿也没丢，而且升华到了为国为民的地步。

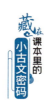

元方的弟弟也不差

陈寔有六个儿子，除了老大元方（陈纪）颇有名望，老六季方（陈谌）也不遑多让，他们父子三人被称为"三君"。关于他们之间的生活细节，《世说新语·夙惠》中也有记载。

话说某天，陈家来了客人。父亲陈寔与客人交谈，让元方、季方兄弟两人烧火做饭。生上火之后，兄弟两人听见父亲和客人的谈话，很感兴趣，就停下来偷听，结果忘了在蒸锅上放箅子，饭都落到了锅里。开饭时，陈寔问他们："饭为什么不蒸呢？"元方、季方跪在地上说："你们谈话时，我俩在偷听，结果忘了放箅子，饭就成了一锅粥。"父亲说："那你们还记得我们说了什么吗？"兄弟两人回答说："记得。"于是，兄弟俩一起说，互相补充，基本没漏掉什么。陈寔很高兴，说："既如此，吃粥也行，何必一定要吃饭呢！"我们通过这则故事可以看到，元方和季方都有很强的记忆力和理解力，表达能力更是十分突出，难怪元方小小年纪就能和父辈展开辩论了。其实，季方的口才也很好，《世说新语·德行》中的一段对话就说明了这个问题。

我与我周旋久，宁作我。——《世说新语·品藻》

强中更有强中手，莫向人前满自夸。——[明]冯梦龙《警世通言》

有人问他："足下家君太丘有何功德而荷天下重名？"言外之意是，我觉得你老爹也就一般般，怎么会有这么高的声望呢？提问题的人显然跟那个骂陈太丘的友人一样，怀着满满的恶意。季方的回答倒不像元方那样咄咄逼人，他说："吾家君譬如桂树生泰山之阿，上有万仞之高，下有不测之深；上为甘露所沾，下为渊泉所润。当斯之时，桂树焉知泰山之高，渊泉之深？不知有功德与无也。"聪明的季方用了一个比喻巧妙地回避了争论，同时艺术性地树立了父亲高大美好的形象——优秀之人自有其优秀，又需要什么证明呢？

如果我们从元方怼客人的话中可见元方的锋芒，那么，从季方怼客人的话中就可见季方的风度，他们两人各有千秋。不过，总有人喜欢将人分出个高低。有一回，元方的孩子和季方的孩子争论起来，都说自己的父亲更优秀。争执不下，他们就去问爷爷。陈寔给了一个没有结论的回答："元方难为兄，季方难为弟。"意思是说：弟弟这么优秀，元方要盖得住弟弟，没那么容易；而哥哥那么突出，季方要比得过哥哥，也没那么简单。总结起来就是难分伯仲。不得不说，这确实是一个很好的回答。

《世说新语》中的人物品评

季方在回答客人自己的父亲何以被人称道时，以"泰山桂树"的形象为父亲做了十分精彩的辩白，令人印象深刻。很多人可能会感到惊奇，当时的人怎么会想到如此精妙的话来形容一个人呢？其实，这并不奇怪，因为魏晋时期十分重视人物品评，如何评价一个人可是专门的学问。而经过两三百年的经验积累，相关的品评话术自然能给人带来强烈的审美感受。这在《世说新语》中体现得淋漓尽致。

比如著名书法家王羲之，《世说新语·容止》中记载，时人见他"飘如游云，矫若惊龙"。又如《世说新语·容止》这样描述"竹林七贤"中的嵇康——"身长七尺八寸，风姿特秀。见者叹曰：'萧萧肃肃，爽朗清举。'或云：'肃肃如松下风，高而徐引。'山公曰：'嵇叔夜之为人也，岩岩若孤松之独立；其醉也，傀俄若玉山之将崩。'"这样两个人物，只看描述，岂不是神仙一般。

魏晋时期的人物品评之所以蔚然成风，是因为科举制度尚未诞生，朝廷取士主要采用察举制和征辟制，所以一个人的品德、才能和样貌被如何界定便成了一件大事。尤其曹操推行"唯才是举"，任人唯才而非任人唯贤，重视个体生命的价值，打破了汉朝只重品德（孝）的单一标准，在一定程度上促进了"人的解放"和"人的觉醒"。只是当人物品评的话语权集中在特定阶层、特定家族时，这样一种制度势必问题重重，以致成为阻碍社会发展的因素。

《孙权劝学》：
劝人多读书的孙权，自己读得怎么样

初，权谓吕蒙曰："卿今当涂掌事，不可不学！"蒙辞以军中多务。权曰："孤岂欲卿治经为博士邪！但当涉猎，见往事耳。卿言多务，孰若孤？孤常读书，自以为大有所益。"蒙乃始就学。及鲁肃过寻阳，与蒙论议，大惊曰："卿今者才略，非复吴下阿蒙！"蒙曰："士别三日，即更刮目相待，大兄何见事之晚乎！"肃遂拜蒙母，结友而别。

司马光◎《孙权劝学》

真题面对面

【2020年四川省甘孜藏族自治州中考语文试题】

把下面画横线的句子翻译为现代汉语。

孤常读书，自以为大有所益。

卿今者才略，非复吴下阿蒙！

谈到三国史上的读书场景，关公夜读《春秋》不可不提。长髯飘飘、神情肃穆的关羽，一手捻须，一手持《春秋》的画面，可谓深入人心。关羽好读书，这可不是演义小说的虚构，而是源于史书的记载。《三国志》裴松之注引《江表传》说："羽好《左氏传》，讽诵略皆上口。"《左传》，亦称《春秋左氏传》，旧传为春秋时期著名史官左丘明所著，是一部以《春秋》为本的编年体史书。关羽爱读《左传》，自然也可以说爱读《春秋》。

关羽爱读《春秋》这件事，对吕蒙走上读书之路有一定的触动。当然，更重要的是孙权对他的劝诫。吕蒙同关羽一样，也是三国时期的名将。他很年轻时便随姐夫开始了军旅生涯，以胆识著称。孙权在位期间，吕蒙渐受重用，屡立战功，是继周瑜、鲁肃之后东吴又一位重要的军事将领。只是因为四处征战，吕蒙读的书不多，这在孙权看来当然是短板，于是便劝吕蒙读书。吕蒙听取劝告，抽出时间认真读书，境界顿时一新，竟然让饱读诗书的鲁肃都大为惊讶。

孙权在劝吕蒙读书时，提到他自己再忙也会读书。那么，身为吴国君主的孙权，平时都读些什么书呢？东吴当时的学习风气又如何呢？

三国时期，将领们大多重视读书，说明"智"的因素在战争中很受重视

孙权确是爱书人

孙权算是江东基业的第三代"掌门人"，第一代是他的父亲孙坚，第二代是他的哥哥孙策。孙策当会稽太守的时候，孙权还是个孩子，经常待在家里用功读书。孙策还给孙权找了一个伴读，名叫胡综，当时只有14岁。这个伴读很了不起，后来孙权主政，东吴的公文和外交文书大都出自胡综之手。孙权的同学中还有一个人也很了不

起，名叫朱然，后来成了东吴有名的大将。

孙权好读书，除了身为贵族所处教育环境的影响，还有一个重要因素便是身处乱世，为形势所迫。随着"智"的因素在战争中越来越重要，文化、教育免不了成为各方竞争的焦点，如何吸引人才、提升自我必然引起大家的重视。当时孙家两代人出事率极高，孙坚30多岁就死了；孙策死得更早，20多岁便被刺杀身亡。孙权接管江东时，还不到20岁，不多读点书，驾驭周瑜、鲁肃这样的江南才俊，难免捉襟见肘。另外，曹操集团所处的中原地区，一直是当时的文化制高点，那里不仅人才济济，曹氏父子本身就是闻名天下的诗人和学者。孙权想要与曹操集团分庭抗礼，提高自身修养势在必行。这一点从他哥哥孙策身上也可以充分感受到。

有一次，孙策引军回吴，在路上论功行赏，对手下重要谋臣虞翻说："我有一次大会中原士大夫，跟他们说我们这边的人才很多，但只恨当时自己学问不高，无法说服他们。我很不服气，正好你博学多闻，之前本想让你到曹操那边见见这些人，用真才实学堵住他们的嘴。只是你不愿意。"虞翻回答说："我是明府（孙家）的宝贝，如果拿出去给别人看，被别人留了下来，岂不是让明府少了我这个贤良的辅佐？所以我拒绝了。"孙策笑着说道："是这样啊。"孙策因为自己读书少而懊悔，孙权自当吸取这方面的教训。那么，孙权平时都读些什么书呢？

实际上，在劝吕蒙读书时，孙权还谈到了自己的读书经历："孤少时历《诗》《书》《礼记》《左传》《国语》，惟不读《易》。至统事以来，省三史、诸家兵书，自以为大有所益。"也就是说孙权年轻时读的多是儒家经典，包括《诗经》《尚书》《礼记》《左传》《国语》等，但唯独没有读《周易》。等到成为东吴的掌权者，孙权读的书主要是"三史"及"诸家兵书"。所谓"三史"，即《史记》《汉书》《东观汉记》。前两部书知名度很高，是古人的必读书。至于《东观汉记》，则是一部记载东汉历史的纪传体断代史，由《汉书》的作者班固等人编撰，今已散佚。而所谓"诸家兵书"，主要包括《六韬》《孙子兵法》等。其中，《六韬》据说由西周吕尚（姜太公）所著，又称《太公六韬》，先秦各家的军事思想在其中都有反映，最突出的则是阴谋权术。《孙子兵法》由春秋末期齐国人孙武所著，如今是我国古代流传下来最早、最完整的军事著作，在我国军事史上占有举足轻重的地位。

结合自己的读书经历，孙权给吕蒙开具了一份必读书目，"宜急读《孙子》《六韬》《左传》《国语》及三史"。这几乎就是他自己所读的书，其实并不奇怪，毕竟他们两人的工作都差不多。从这份需要"加急"处理的推荐书目可以看出，孙权阅读，注重从政治、军事等实务出发，带有较强的实用性。那么，孙权读书的成绩如何呢？

后来，刘备率军攻打东吴，势不可当。孙权聚集百官商议，多数主张向曹魏求援。于是，孙权急忙派使者赵咨向魏文帝曹丕求救。赵咨来到魏国，呈上孙权给魏文帝的书信。曹丕读后还算满意，便问

赵咨："吴王颇知学乎？"意思是，孙权也读书吗？赵咨回答，吴王"虽有余闲，博览书传历史，藉采奇异，不效诸生寻章摘句而已"。由此可见，孙权读书还是颇有成绩的。

孙权是个好学之人，而后来的江南也是文化鼎盛之所，那当时东吴的学风如何呢？

东吴的"教育兴国"

作为贵族之家，孙家非常重视教育。孙权有位堂兄名叫孙瑜，很喜欢读书人。当时有个叫马普的北方人，精通经史，尤擅古学，很有学问。孙瑜以厚礼相待，专门设立学馆，聘他为老师，让将领、官吏的数百子弟都来跟他学习。不少像孙瑜一样的大将，往往只专注于军务，孙瑜却喜欢看书，"好乐坟典"，即便在打仗的路上也手不释卷，随时诵读。所谓"坟典"，即"三坟五典"，是传说中上古时代的书籍。如果这里真指此类古籍的话，那么孙瑜的阅读能力自然不差。

孙权爱读书，当然也会督促自己的儿子读书。孙登是孙权的长子，理所当然要成为东吴的继承人，孙权为他的教育问题可没少花心思。孙权希望孙登熟读《汉书》，以知晓近代的历史，但找谁当老师呢？他想到了德高望重的大臣张昭。张昭曾师从名师白侯子安学习《左传》，有很深的史学功底，无奈他作为东吴重臣，事务繁忙，根本没时间授课。孙权不死心，依然多次请托。实在没办法，他们便想出了一个折中的办法，安排张昭的儿子张休在父亲身边随时听教，然后张休再把学到的知识教给孙登。如此大费周章，可见孙权对儿子教育问题的关心。

除了孙家子弟，东吴的读书人还有很多，尤其值得一提的是东吴的办学风气。前文曾提到孙策手下的"明府家宝"虞翻，他不仅学问好，脾气也不小。有一回，孙权和张昭讨论神仙的话题，虞翻一句话就让孙权傻了眼："彼皆死人，而语神仙，世岂有仙人邪！"意思是，你们说的那些都是死人，世上哪有什么神仙！孙权对虞翻不

1965年发现于新疆吐鲁番英沙古城佛塔下的西晋《三国志·吴书·孙权传》残抄本（局部）。该抄本以晋朝流行的"写经体"书法抄录而成，距陈寿的《三国志》问世仅几十年，从中可见魏晋时期中原和西域的文化交流之盛

满已不是一天两天，直接把他赶到了南方的荒僻之地。可虞翻就像一道光，走到哪里哪里亮，他在那里教书授课，"讲学不倦，门徒常数百人"。

说到东吴的教育之风，一个不可不提的人就是东吴的第三位皇帝、孙权之子孙休。尽管孙权对孙休很不看重，孙休本人在历史上的存在感也不强，但他确实是个爱读书的皇帝，并且提出了一个极具前瞻性的主张。

孙休从小热衷学问，痴迷钻研古代典籍，经常手不释卷。他回忆过往时曾说，"孤之涉学，群书略遍"。这样一位好学不倦的君主，对教育自然非常重视。永安元年（258年），孙休在颁布的诏令中明确提到"古者建国，教学为先"，认为一个国家应以教育与学习为首要，以此导引公序良俗、陶冶世人品性，为朝廷培养可用之才。他还为此设立了不少机构，创建了以学业考核授官的制度。他的这些主张不失为"教育兴国"的古代版本。

孙休无疑是一个思想前卫的君主，只可惜当时是群雄逐鹿的时代，如果不能应时而动，只会被历史的巨轮无情碾压。

刘备劝学也重实用

东吴集团和曹魏集团的领导者都很爱读书，那么刘备所在的蜀汉集团如何呢？

有不少人说刘备不读书，这是真实情况，还是对"刘皇叔"的误解呢？相关史料记载有前后矛盾的地方。《三国志·蜀书·先主传》中说："先主不甚乐读书，喜狗马、音乐、美衣服。"然而，刘备的遗诏又让人觉得很有文化气，其中除了"勿以恶小而为之，勿以善小而不为"的千古名句，还给后主刘禅开了一份书单："可读《汉书》《礼记》，闲暇历观诸子及《六韬》《商君书》，益人意智。"

把这份书单和孙权开列的书单对比一下，我们可以看到两者的重合之处——都有《汉书》《礼记》和《六韬》，要文有文，要武有武，首重军事、政治方面的实用性。这当然与孙权、刘备的政治地位和历史角色有关。两者的不同之处是，刘备的书单里，多出一本《商君书》。"商君"指的是战国时期法家的代表人物商鞅，《商君书》着重论述了商鞅当时在秦国施行变法的理论和措施。所以，这部书也是治国治军的实用性参考书。

为了让刘禅读到好书，不只刘备用心，诸葛亮也很用心："闻丞相为写《申》《韩》《管子》《六韬》一通已毕，未送，道亡，可自更求闻达。"也就是说，诸葛亮就法家学派的著作《申子》《韩非子》《管子》，以及兵家的著作《六韬》，特意为刘禅写了一些读书

高分句子铺

书到用时方恨少，事非经过不知难。——民间谚语

少年易老学难成，一寸光阴不可轻。未觉池塘春草梦，阶前梧叶已秋声。——[宋]朱熹《偶成》

心得，或者做了摘编，方便刘禅抽时间阅读。遗憾的是，刘禅并未收到这些书。

纵观诸葛亮给刘禅推荐的书籍，也偏实用性。看来在三国乱世，大家都认为只有这些书才能让一个人快速成长，并且如鱼得水。有一件事也佐证了这一点。

孟光是东汉末年一位博览群书的大学者，他无书不读，精通汉家旧典，后成为蜀汉的重臣。三国鼎立后期，孟光与蜀汉另一位大臣郤（xì）正交好，两人常常讨论刘禅所立太子刘璿的学习问题。有一次，孟光问郤正，太子都学什么、学得怎么样啊？郤正回答说："太子侍候双亲很真诚，有古代世子的风范；接待百官，一举一动都显出宽厚。"孟光说："你说的这些素养，是普通人家的孩子要具备的。我想问的是太子的权变谋略、智慧和气度如何？"郤正说："做世子的原则，在于继承君父的志向不妄为。权变智谋到一定时候才能发挥出来，这些是能事先预料的吗？"孟光严肃地说："现在天下还没有平定，智谋是最需要的。智谋虽然来自天赋，但也可以通过努力获得。因此世子读书，岂能像一般人求爵位那样？他应该学习最需要的东西。"郤正表示认同。

孙权劝吕蒙读书时也说："我让你读书，难道是让你做经学博士吗？"他和孟光的说法如出一辙，可见读什么书还是很重要的。所以，我们读《孙权劝学》时也要认识到，读书固然重要，读什么书也很重要。

古代兵法为何难以传世

《左传·成公十三年》中提出"国之大事，在祀与戎"，所以对战争的研究必然成为显学。春秋战国时期，诸侯之间战争频发，从事军事研究的有识之士开始深入总结军事方面的经验教训，研究制胜的法则，于是便催生了"兵家"这一重要的学术流派，相关的著述则被称为"兵书"。关于"兵家"，有人认为源于西周的开国功臣吕尚，也有人认为源于以富国强兵为己任的法家，还有人认为源于兵家的至圣孙武。

据史籍记载，汉朝至三国时期，兵家的著作依然影响巨大，文人士大夫想要有所建树，这类书籍不可不读。据《汉书·艺文志》记载，当时的兵家可分为"兵权谋家""兵形势家""兵阴阳家"和"兵技巧家"四类，相关的著作也十分丰富，但流传至今的并不多。我国著名史学家吕思勉先生曾就此分析道，兵阴阳家的著作当有关天时，必涉及迷信，实用价值不高，所以很难留存。兵技巧家和兵形势家的著作虽然实用，但时移事易，也会逐步丧失实用价值。唯兵权谋家的著作，专论用兵之理，今古差异不大，所以更易流传。从今人阅读《孙子兵法》的情况看，大家更看重的也是其军事辩证思想及治兵作战的哲理。战争是政治的延续，兵书何尝不可以看成关于如何治国、如何制定国家战略的书籍呢？比如《孙子兵法·作战》中提到的这一点："不尽知用兵之害者，则不能尽知用兵之利也。"

《卖油翁》：
神箭手原是状元郎，卖油翁真的看错人了吗

陈康肃公善射，当世无双，公亦以此自矜。尝射于家圃，有卖油翁释担而立，睨之久而不去。见其发矢十中八九，但微颔之。

康肃问曰："汝亦知射乎？吾射不亦精乎？"翁曰："无他，但手熟尔。"康肃忿然曰："尔安敢轻吾射！"翁曰："以我酌油知之。"乃取一葫芦置于地，以钱覆其口，徐以杓酌油沥之，自钱孔入，而钱不湿。因曰："我亦无他，惟手熟尔。"康肃笑而遣之。

欧阳修◎《卖油翁》

真题面对面

【2022年湖南衡阳中考语文试题】

把文中画横线的句子（下面句子为画横线的句子）翻译成现代汉语。

我亦无他，惟手熟尔。

小李同学平时只埋头读书，不愿参与实践活动。请结合以上两则短文（第一篇短文为《卖油翁》）揭示的道理，谈谈你的看法。

　　欧阳修的《卖油翁》讲述了一个十分有趣的故事，读来令人深思。身为神箭手的陈康肃公，自以为本领了得，举世无双，结果竟被一位偶然来府上卖油的老翁嫌弃了。卖油翁还轻描淡写地道出了陈康肃公能成为神箭手的秘密——"手熟"罢了。

　　陈康肃公自然不服气。接着，卖油翁就表演了一个什么叫"手熟"。于是，神奇的一幕上演了。只见卖油翁将葫芦放在地上，用铜钱覆口，然后舀起一勺油朝钱孔倒去。油从钱孔进入葫芦，不仅一滴不漏，甚至连钱孔的边儿都没碰着。这般"神技"确实震撼人心，四周一时鸦雀无声。陈康肃公看后，不无尴尬地笑着将卖油翁打发走了。

　　故事所阐述的道理很容易理解——各行各业都有能工巧匠，事情做得多了，手上功夫练好了，谁都可以成为状元。只是将军和老翁，因为际遇不同，他们的人生便走向了不同的道路。那么，在这个故事的背后，或者说，在这个故事的大背景中，那位神箭手陈康肃公到底是什么人呢？

<h3 style="text-align:center">神箭手原是状元郎</h3>

　　那位被卖油翁教育了一番的陈康肃公，在历史上确有此人。他姓陈，名尧咨，生于宋太祖开宝三年（970 年），康肃公是他的谥号。

古人在作品中提到先贤时，若先贤去世后有朝廷根据其生前事迹给予的谥号，一般用谥号来称呼他，以示尊重。例如北宋名臣范仲淹，就常被称为"范文正公"。

陈尧咨不是一般人，真算得上人中龙凤。虽然他的名气没有范仲淹、欧阳修那么大，但他的实力有目共睹，因为他是宋真宗咸平三年（1000 年）的状元。这还不够，老天似乎特别眷顾他们陈家兄弟。他的大哥陈尧叟是宋太宗端拱二年（989 年）的状元，他的二哥陈尧佐虽不是状元，但也是进士出身。在极其重视科考的宋朝，他们兄弟三个不知羡煞了多少人，所以人们称他们为"三陈"，推为盛族。

考中状元也就罢了，偏偏陈尧咨还文武双全。文的方面，他除了书读得精，文章写得好，还长于书法；武的方面，诚如《卖油翁》里所描述的，他是一位有名的神箭手。据史书记载，他曾以一枚铜钱为靶，"一发贯其中"，直接射中了钱孔。即使是"手熟"，要做到这一点也着实不易。对此，陈尧咨引以为傲，常自称"小由基"。由基即养由基，为春秋时期著名的神箭手，百步穿杨这个成语就源于他。

在欧阳修的故事里，陈尧咨面对卖油翁的不屑，"笑而遣之"，尽管其中透着尴尬，但待人还算和气。那么，现实中的陈尧咨性情如何呢？

性情刚戾的狠人

根据相关记载，陈尧咨从小受到父母亲的严格教导，很有事业心，

《卖油翁》所阐述的道理"手熟而已"很耐人寻味

也做过一些对百姓有益的事。陈尧咨在长安任职时，由于当地的土地盐碱化严重，居民饮用水的质量很差，他便疏通了龙首渠，将清澈的水引入城中，大大改善了居民饮用水的质量。这可是件大好事，得到了当地百姓的认可。除此之外，陈尧咨对付豪强也有自己的方法。

　　长安城中多士族，子弟恃宠而骄，很少有人能镇得住他们。有一个名叫李大监的人，是陈尧咨的旧交，他的儿子倚仗恩宠，尤为豪横。有一天，李大监的儿子因为有事儿，没打招呼就径直来到陈尧咨府上。陈尧咨先询问了李大监外出做官的情况，语甚殷勤，然后突然变脸，对李大监的儿子一顿猛批："你平时不务正业，到处惹是生非，你家里人不能管教你，官法又不能拿你怎么样，你还仗着有钱可以赎罪，更是毫无羞耻。我与你父兄都是旧友，犹如亲人，自当代他们好好教训你。"接着，陈尧咨便把李大监的儿子拉到一边，一顿暴打。此事传出去后，那些官家子弟无不惊惧，纷纷开始约束自己的行为。

　　尽管在政事上有些作为，但陈尧咨有时滥用酷刑，也受到不少非议。比如有一个参与赌博的人被陈尧咨抓住，受杖刑之后，戴着枷锁被置于市上，旁边还特意放了一匹死马。最后，此人竟在腐臭中生疮而死。因为用刑惨烈而被陈尧咨杖毙的人，不在少数。

　　陈尧咨虽以气节自许，但性格刚戾，除了施用酷刑，其他一些行为也超出人臣的范围，比如置武库、带禁军出去打猎等。宋真宗赵恒接到其他官员的奏报后，直接下了一道诏书责问陈尧咨，但念在陈尧咨母亲年迈、兄长陈尧叟朝夕为国操劳的分上，并未深究。

　　后来，陈尧咨被派去镇守边关，由于宋辽两国长年修好，很多防御工事都荒废了。陈尧咨立即着手修葺，这当然是对的，但因为事情琐碎，他经常发怒，甚至找了一些士兵手执大棍站在前面，谁敢说一句不如意的话，就会直接被打趴下。

了解这些史料之后，不由得要替那位不知深浅的卖油翁捏了一把汗。那么，身为著名文学家的欧阳修在写《卖油翁》的时候，对陈尧咨是什么态度呢？

欧阳修的创作主张

陈尧咨当然是欧阳修的前辈。欧阳修生于宋真宗景德四年（1007年），陈尧咨中状元时，他尚未出世，但两人并非陌路人。欧阳修于宋仁宗天圣八年（1030 年）进士及第，开始出来做官，此时陈尧咨还在朝廷任职。更重要的是，他们两人之间还有过一些过节。

欧阳修的父亲早逝，年幼的欧阳修与母亲相依为命，后投靠叔叔欧阳晔（yè），由欧阳晔抚养长大。欧阳晔去世后，欧阳修在为其所写的墓志中，提到一段往事。陈尧咨在江陵时，以豪贵自骄，下属官员皆不敢仰视。他用私钱冒充官市黄金，让府吏手持文书，强迫下属官员签名，承认这批钱的合法性。大家都签了，唯独欧阳晔没有

🍃 高分句子铺 🍃

试玉要烧三日满，辨材须待七年期。——［唐］白居易《放言》

山近月远觉月小，便道此山大于月。若人有眼大如天，还见山高月更阔。——［明］王阳明《蔽月山房》

签，欧阳晔还呵斥府吏说："官市黄金上都有特定的文符，这些钱上没有。"陈尧咨忌惮欧阳晔，没有强迫他签名，但还是动用关系，把欧阳晔调到了别处。有鉴于此，欧阳修对陈尧咨的印象不佳也情有可原。不过，若说欧阳修在《卖油翁》中对陈尧咨完全持嘲讽的态度，恐怕也没那么简单。这还得从欧阳修创作《归田录》的态度说起。

宋英宗治平四年（1067 年），遭受严重打击的欧阳修自请调任亳州，在此过起了半退休生活。其间，他编辑整理了《归田录》一书，《卖油翁》正是出自此书。《归田录》中所记人物，皆为北宋名公巨卿。他们一生的政事大节自有正史记载，欧阳修在写他们的时候，参考了唐朝李肇《唐国史补》的用意，侧重记述正史不大关注的生活琐事，希望借此达到补正史之阙、备闲居之览的目的。

另外，非常值得一提的是，欧阳修说他写作此书"不书人之过恶。以谓职非史官，而掩恶扬善者，君子之志也"。也就是说，他写这些人，不在于惩恶扬善，而在于掩恶扬善，但欧阳修作为一位杰出的史学家、文学家，他的文字是不是真的没有任何"春秋笔法"呢？因此，《卖油翁》中"康肃笑而遣之"的那个笑容，究竟寄托了怎样的创作态度，还是值得思量和玩味的。

欧阳修的写作经验谈

作为唐宋八大家之一，欧阳修在写作方面的成就有目共睹。所以，关于如何写好文章，他自有不少心得。苏轼写过一本非常有趣的著作，名为《东坡志林》，其中一段往事就记载了欧阳修在写作方面的主张。

苏轼写道："顷岁孙莘（xīn）老识欧阳文忠公，尝乘间以文字问之。云：'无它术，唯勤读书而多为之，自工。世人患作文字少，又懒读书，每一篇出，即求过人。如此，少有至者。疵病不必待人指摘，多作自能见之。'此公以其尝试者告人，故尤有味。"

意思是，近年孙莘老结识欧阳修，曾乘机问欧阳修怎样才能写好文章。欧阳修说："没有其他办法，只要勤读书、多动笔，必能越写越精妙。很多人的弊病在于写得太少，又懒于读书，每写一篇就想超过别人，自然很难实现。文章的缺点不需要别人指出，写得多了，自己就能发现。"苏轼认为这是欧阳修结合自己的创作经验给出的答案，所以特别耐人寻味。

《卖油翁》这篇作品所阐述的"惟手熟尔"的道理，也适用于写作：一个人文章写得多了，必然熟悉写作规律，更容易将写作这件事做好。有学者通过一些领域的案例，总结了不少相关经验，比如"一万小时定律""十年定律"等——只要我们在某一领域下足够的功夫思考、花足够的时间练习，基本可以具备某方面的专长。而某方面的有效经验，又可以帮助我们"解锁"其他领域的技能，形成彼此促进的良性循环。

《周亚夫军细柳》：
皇帝面子都不给的周亚夫，打仗到底行不行

上自劳军。至霸上及棘门军，直驰入，将以下骑送迎。已而之细柳军，军士吏被甲，锐兵刃，彀弓弩，持满。天子先驱至，不得入。先驱曰："天子且至！"军门都尉曰："将军令曰'军中闻将军令，不闻天子之诏'。"居无何，上至，又不得入。于是上乃使使持节诏将军："吾欲入劳军。"亚夫乃传言开壁门。

司马迁◎《周亚夫军细柳》

真题面对面

【2021年陕西省中考语文试题】
周亚夫统领下的军队纪律严明，这在文中（选文为《周亚夫军细柳》）有何表现？

提到汉初的世家大族，不可不提周亚夫所在的周家。周家的兴

起始于随汉高祖刘邦从沛县（今属江苏）起兵的周勃。在反秦的过程中，周勃作为一员大将随刘邦南征北战，立下了汗马功劳，是汉朝的开国功臣之一。汉朝建立后，周勃被封为绛侯，又协助刘邦平定了多次叛乱。因其性格忠厚，不善伪饰，刘邦死前曾预言："安刘氏者必勃也。"刘邦死后，吕后擅权，吕氏家族逐渐威胁到了汉朝的统治。吕后死后，周勃遂与丞相陈平联合，夺取吕氏家族的军权，诛杀吕氏诸王，拥立刘恒即位，是为汉文帝。之后，周勃两度成为丞相。建立如此伟业，自然值得司马迁写上一笔。

周氏家族中另一位声名赫赫的人物便是周勃的次子周亚夫。汉文帝后元六年（前 158 年），匈奴进犯汉朝北部边境。为了拱卫京师，身为河内太守的周亚夫被委派驻守细柳营，并以治军严整给汉文帝留下了深刻印象。身为史学大家的司马迁，在写汉文帝视察细柳营时，直接刻画周亚夫的地方并不多，而是把大量笔墨用在了侧面描写上。周亚夫尚未出场，下属的表现已令人感受到其"真将军"的风范。周亚夫出场后，一个动作——"持兵揖"，一句话——"介胄之士不拜，请以军礼见"，两处极简单的正面描写，便立刻使周亚夫"真将军"的形象跃然纸上。

周亚夫平时治军如此严厉，连汉文帝的面子都不给，真上阵打仗的话，水平如何呢？

为表现周亚夫的治军能力，司马迁运用了出色的侧面描写

平定七国之乱的顶梁柱

　　汉文帝自视察细柳营后，便对周亚夫赞叹不已，临终前还对即将继位的太子刘启说："即有缓急，周亚夫真可任将兵。"意思是，如果真有什么紧急状况，完全可以交由周亚夫带兵处置。这里的"紧急状况"，当然是指与战争有关的事。汉景帝三年（前154年），这样的紧急情况还真的来了，那就是"七国之乱"。

楚汉相争阶段，刘邦迫于形势，分封了不少异姓诸侯王。刘邦称帝后，异姓诸侯王基本被剪除，但他又陆续分封了不少刘姓宗室为诸侯王。汉初时，这些同姓诸侯国多位于经济发达地区，土地辽阔，人口众多，且拥有独立的武装。一开始，他们因与刘邦为近亲，尚能忠于朝廷。但随着时间的推移，血缘关系已不能再约束这些诸侯王，他们拥兵自重，自行征收赋税、铸造钱币，实际上已成为独立王国，对汉朝的安全和经济发展构成了极大威胁。

刘启即位后，他的老师、御史大夫晁错提议削弱诸侯王势力，加强中央集权。景帝三年，刘启下诏削夺吴、楚等诸侯国的封地。与汉景帝有杀子之仇的吴王刘濞（bì），联合楚王刘戊、赵王刘遂、济南王刘辟光、淄川王刘贤、胶西王刘卬、胶东王刘雄渠等，以"清君侧"、诛晁错为名发动叛乱，一时势不可当。危急时刻，汉景帝决定任命周亚夫为太尉，任平叛总指挥。

周亚夫确实很有军事素养，他认为七国军队的核心是吴楚联军，只要击败他们，危机自会解除。而吴楚联军来势汹汹，很难迅速取胜，他献策用汉景帝弟弟梁王刘武的军队在中途硬拼吴楚主力，自己则寻找机会切断对方补给线，使吴楚联军不战自溃。汉景帝同意了周亚夫的计划。吴楚联军行至梁国（今河南商丘一带），遭到了梁王刘武的顽强抵抗。周亚夫当年在细柳营稳如泰山的作风，在这次战争中充分显示了出来。

首先，他依旧不给皇帝面子。吴楚联军与梁王的战斗打到最激烈

的时候，梁王急得惶惶不可终日，甚至不惜搬出皇太后，一定要汉景帝下令让周亚夫前来救援。可周亚夫接到皇帝的命令后，就跟当年在细柳营一样，拒不奉诏，继续让梁王死撑以服从整体战略的需要。由此可见，几年前他将汉文帝拦于军营之外的做法并非作秀，确实是出于统兵的需要。

其次，军中铁的纪律、强大的战斗力，足可让他高枕无忧。粮道被周亚夫切断后，吴楚联军在饥饿的驱动下，数次想要发起困兽之斗，可周亚夫始终紧闭营门，拒不出战，只待对方不攻自破。一天晚上，考验周亚夫的事情发生了。由于奸细混入或其他原因，周亚夫营中忽然发生骚乱，自己人打起了自己人。周亚夫在营帐内听到，完全不为所动，连床都没起。没多久，这场骚乱便平息了。可见，周亚夫对自己治下的军队充满了信心。

狮子山楚王陵出土的印章印文。狮子山楚王陵位于江苏徐州，考古专家认为墓主是第二代楚王刘郢客或第三代楚王刘戊的可能性较大。两个篆书印文分别为"楚骑千人"和"楚司马印"。"骑千人"和"司马"皆为楚国军队中的直接统兵之官很快，吴楚联军再无反击之力，"七国之乱"随之得到平定。这次平叛，从开始到结束仅用了三个月。不得不承认，周亚夫确实是一位很出色的军事统帅，不仅善于治军，而且很有谋略，当初汉文帝称他为"真将军"，可谓实至名归。

良将难寻

能够认识到周亚夫的军事能力，这多少显示了汉文帝善于识才的一面。实际上，他为寻找这样一位有军事才能的人煞费苦心。

汉文帝时期，汉朝的国力远不能和后来相比，面对匈奴的袭扰，往往只能不了了之。防守尚显狼狈，更别说进攻了。一直到汉武帝时期，汉朝的国力积累得差不多了，才有了霍去病横扫千里、深入大漠、封狼居胥的宏伟大战。不过，为汉朝边防焦虑的汉文帝，的确曾苦苦寻觅良将。

有一回，汉文帝乘车经过郎署，见到中郎署长冯唐，与他进行了一次推心置腹的谈话。谈话中，汉文帝说起了自己对史上名将的向往。他说，自己还在北方当代王的时候，经常听尚食监的高祛（qū）提起巨鹿之战，尤其是大将军李齐奋勇作战、威震秦军的事情，自己听后很是振奋。如今这么多年过去了，每次吃饭的时候，自己依然会想起李齐。从汉文帝的叙述口吻看，李齐应该是秦末一位作战英勇的悍将，只是当时很多将士的光芒都被项羽"破釜沉舟"的光芒掩盖了，如果不是司马迁写上这么一笔，李齐这个人就要在历史上彻底消

失了。

汉文帝日思夜想能拥有一位像李齐那样的良将，但他的美好愿望立刻被冯唐泼了一盆冷水。冯唐首先打破了汉文帝的偶像崇拜，指出李齐为将远不如廉颇、李牧。原来，冯唐的祖父曾在赵国担任将官，和李牧交好，而他的父亲曾担任代国的国相，与李齐交好，所以他们冯家很了解这些将军的为人。汉文帝听后拍着大腿说："唉，我偏偏得不到廉颇、李牧这样的将军，不然，我怎么还会担心匈奴的进犯呢！"不承想，冯唐毫不客气地说："陛下就算得到廉颇、李牧，恐怕也不会任用他们。"汉文帝非常生气，直接离开了，过了许久还责备冯唐当众羞辱他。

不久，匈奴再次进犯汉朝边境，汉文帝又召见冯唐，询问道："你怎么知道我不能任用廉颇、李牧呢？"冯唐犀利地指出，以前这些大将出征在外，一切事情都由他们自己做主，包括军费的处置、按军功大小给予士兵爵位和赏赐等，君主可以督促，但不能从中干预。正因为君主保证了"城门以内的事情，我来处置；城门以外的事情，

高分句子铺

秦时明月汉时关，万里长征人未还。但使龙城飞将在，不教胡马度阴山。——[唐]王昌龄《出塞》

葡萄美酒夜光杯，欲饮琵琶马上催。醉卧沙场君莫笑，古来征战几人回？——[唐]王翰《凉州词》

将军处置"，李牧等人的才能才得以充分施展。现在的法律对将军的行为框得太死，赏赐太轻而惩罚太重。比如有个叫魏尚的太守，守卫边关功劳很大，只因上报功劳时差了六个首级，居然被免职了。"由此言之，陛下虽得廉颇、李牧，弗能用也。"汉文帝被冯唐痛贬一顿，不仅不生气，反倒重新起用了魏尚。

从汉文帝和冯唐的这番对话出发，就不难理解为什么汉文帝会对周亚夫念念不忘了，尽管周亚夫在细柳营对他显得很不尊重。因为汉文帝始终在寻找安邦定国的良将，而周亚夫把谁都不放在眼里的性情，与廉颇、李牧这些人颇有些相似。不过，有一点冯唐确实没有说错，那就是汉朝皇帝对大将的戒心始终存在，这也导致周亚夫难以善终。晚年的周亚夫做了汉景帝的丞相，位极人臣，但后来他被诬谋反，百口莫辩。周亚夫不堪羞辱，决定绝食而死。

对周亚夫的悲剧，司马迁在《史记·绛侯周勃世家》中进行了颇有意味的记录。周亚夫任河内太守时，当地有一位老妇以善于看相著称。有一天，老妇对周亚夫说，他三年之后可以封侯，封侯之后八年可以做丞相，但最后会因饥饿而死。周亚夫听了自然不信，他说，假如自己真的做了丞相，尊贵无比，又怎么会饿死呢？谁能想到，这会是真的呢？这则带有迷信色彩的预言故事当然是虚构的，司马迁如此叙述，主要是为了强化周亚夫的悲剧色彩。因为在他看来，周亚夫尽管有性格上的缺陷，但不至于落得如此下场。

古代的乘车礼仪

《周亚夫军细柳》中，汉文帝看到周亚夫的表现不禁为之动容，"天子为动，改容式车"。这里汉文帝做了一个表达敬意的动作，叫作"式车"，就是俯下身躯，手扶在车前的横木（式，同"轼"）上。通过这一细节可以知道，在古代，乘车是有很多礼仪的，汉文帝的这一动作便被称为"轼礼"。《论语·乡党》中记载："凶服者式之。式负版者。"就是乘车时，遇到穿丧服的人，要行轼礼。除此之外，与车有关的礼仪还有很多。

《礼记·曲礼上》中记载："妇人不立乘。"可见先秦时期只有女性可以坐着乘车，男子乘车基本都是站着的。乘车的位置是车厢的前部、轼木之后。当时乘车一般一车三人，御者居中。因为御者都是右手执鞭，所以便以左位为尊，以防尊者受到中间御者的打扰。另有一人在右陪乘，称为"骖（cān）乘"，其任务在于随侍尊者，防备车辆倾侧。如果车中尊者是国君或主帅，则居于当中，御者在左。

另外，乘车礼仪中还有一条叫"下公门"，即大臣经过国君的外门，要下车行走。史籍中记载过这样一件事。卫灵公与夫人南子夜坐，"闻车声辚辚，至阙而止，过阙复有声"。卫灵公问这是谁，南子回答，必是蘧（qú）伯玉。她说："妾闻：礼，下公门，式路马……蘧伯玉，卫之贤大夫也，仁而有智，敬于事上，此其人必不以暗昧废礼。"卫灵公派人看了一下，果然是蘧伯玉。即便在夜间缺少监督的情况下，蘧伯玉也坚持"下公门"，可见其对乘车礼仪的重视。

《答谢中书书》：
一封信里的"旅游信息"，为什么这么重要

山川之美，古来共谈。高峰入云，清流见底。两岸石壁，五色交辉。青林翠竹，四时俱备。晓雾将歇，猿鸟乱鸣；夕日欲颓，沉鳞竞跃。实是欲界之仙都。自康乐以来，未复有能与其奇者。

陶弘景◎《答谢中书书》

真题面对面

【2019年山东德州中考语文试题】

本文（选文为《答谢中书书》）是一篇美文，请从不同角度简要赏析。

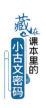

　　自然景观，可以说是中国古代文学极为重要的描写对象。唐诗、宋词、元曲、明清小说，我们平时所说的古代经典文学作品，莫不与优美、苍凉或者豪壮的自然画面紧密相连。以唐诗为例，写景的佳句可谓比比皆是，如李白的"三山半落青天外，二水中分白鹭洲"，杜甫的"无边落木萧萧下，不尽长江滚滚来"，王维的"大漠孤烟直，长河落日圆"，白居易的"一道残阳铺水中，半江瑟瑟半江红"。

　　宋词、元曲与诗相类，自不待言，即便是明清小说，其中也有不少值得称道的环境要素。比如《红楼梦》第四十九回"琉璃世界白雪红梅　脂粉香娃割腥啖膻"中的这一段描写："（宝玉）出了院门，四顾一望，并无二色，远远的是青松翠竹，自己却如装在玻璃盒内一般。于是走至山坡之下，顺着山脚刚转过去，已闻得一股寒香拂鼻。回头一看，恰是妙玉门前栊（lóng）翠庵中有十数株红梅如胭脂一般，映着雪色，分外显得精神，好不有趣！""琉璃世界白雪红梅"，虽不是诗体，却有着诗一般的意趣和境界。

　　在对自然的描写中，有一类景观是比较特殊的，那就是山水。早在唐朝山水诗蔚然大观之前，山水文学已经存在，并在之后和山水画一起，构成了体现东方之美的独特文化景观。华夏的山水之美，经过山水文学的再塑造，又多了一层文艺美、人情美、哲思美。

　　纵观历史，魏晋南北朝时期的山水文学是非常重要的，因为从这个阶段开始，山水成了人们主动欣赏的对象。就此而言，以陶弘景为代表的山水文学作家便显得极为重要了。这一时期还有哪些重要的山水文学作家？他们的作品又有哪些特点呢？

山中宰相

首先，我们谈谈陶弘景。

陶弘景何许人也？他有一个名号在历史上可谓如雷贯耳，那就是"山中宰相"。陶弘景出身于南朝士族，从小对神仙世界充满了向往，长大后一度在南齐为官，后来逐渐淡出官场，开始了遍游名山、寻仙访药的隐居生活。陶弘景对道教研究极深，主张儒、释、道三教合流，认为"百法纷凑，无越三教之境"，有此主张也可见其非同凡响。南梁取代南齐后，梁武帝萧衍多次派人礼聘他出山为官，陶弘景都拒绝了。但朝廷有事，梁武帝还是会写信咨询，两人往来交流频繁。因此陶弘景被称为"山中宰相"。

长期以名山大川为友邻，陶弘景对山水自然别有一番情感，这从他的《答谢中书书》中可见一斑。"高峰入云，清流见底。两岸石壁，五色交辉。青林翠竹，四时俱备……"陶弘景的信里，满是生机，满是华美，也满是陶醉。别看这里的文字不多，可包容性和概括力极强，将江南山水的诸多特点都包含其中，仿佛文字版的《千里江山图》。

魏晋文人有意识地探寻山水之美，对我国乃至东方的审美具有重要意义

陶弘景的山水之作如此优美，那么，魏晋南北朝时期，这篇作品会是孤例和绝唱吗？当然不是，与《答谢中书书》相映成趣的，还有一篇《与朱元思书》，作者吴均。吴均是陶弘景的同代人，梁武帝时为官。他为文清拔，工于写景，很受称道，《与朱元思书》便展现了他为文的这些特点。

"风烟俱净，天山共色。从流飘荡，任意东西。自富阳至桐庐一百许里，奇山异水，天下独绝……"吴均笔下的富春江景色，比陶弘景描绘得更为细致，例如写群山耸立，"负势竞上，互相轩邈，争高直指"，极富动态美；而他对水的描绘——"水皆缥碧，千丈见底。游鱼细石，直视无碍"——千百年后仍有余响。

面对如此山川，陶弘景和吴均在欣喜之余，都表达了高雅的情怀。陶弘景盛赞大好河山为"欲界之仙都"，他希望成仙得道的心，终于可以在自然的怀抱里得到安慰。而吴均则说"鸢飞戾天者，望峰息心；经纶世务者，窥谷忘反"——那些追逐名利的人、整天忙于各种事务的人，看到这样的山水，必然会平静下来，找到心灵的归宿。

同一时空下的两个著名人物，都在山水中获得了安慰，这当然不是偶然的。我们说山水从魏晋南北朝开始走向了审美的自觉，正源于此。那么，在山水开始成为人们写作对象的时代，还有哪些著名的作家和优美的文字呢？

江南之美

陶弘景和吴均都是齐、梁时代的人，从更大的时间范围说，是南朝人。所谓南朝，即承接东晋而起的宋、齐、梁、陈四个朝代。此前，因为战乱，北方的士大夫纷纷随晋朝南迁。本来就饱读诗书的他们，带着发现美的眼睛打量南方沉寂的山川，突然被它们所惊艳，于是用心将它们的形影付诸笔端，结果引起了一场文化史上的盛事，对后世的华夏乃至东方，产生了深远影响。

和陶弘景、吴均同时代的士大夫中，有一个叫周兴嗣的，对山水

之美也有所表现。他曾奉梁武帝之命编写了《千字文》，以传承王羲之的书法艺术。《千字文》条理清晰、文采斐然，不必多言。但很多人可能没意识到，《千字文》中也有山水之美。比如这一句："旷远绵邈，岩岫（xiù）杳冥。"意思是，华夏的土地辽阔遥远，没有穷极，名山奇谷幽深秀丽，气象万千。这里的四字句，与陶弘景和吴均的文字如出一辙。

除了《千字文》，在以记录人物言行著称的南朝笔记《世说新语》中，也会时不时冒出一些关于山水的文字，不少令人惊叹。例如《言语》篇中记载了这样一件事。有一次，东晋权臣桓温率大军经过三峡，他虽是三军主帅，威风凛凛，但看到三峡湍急的江水、高耸的绝壁，也不免战战兢兢、心生畏惧，于是说道："既为忠臣，不得为孝子。"意思是，要做忠臣就不能贪生怕死。到底三峡怎样的状况让桓温发出如此感慨呢？文中只用了八个字："绝壁天悬，腾波迅急。"身处这样的环境，难免会让人有命悬一线的压迫感。

另外，《世说新语·言语》中有关王献之的一段故事，也展示了南方的山水之美。王献之是东晋书法家王羲之的儿子，本身也是一位书法大家。他曾住在会稽山阴（今浙江绍兴），那里的风景十分秀美。他说："从山阴道上行，山川自相映发，使人应接不暇。若秋冬之际，尤难为怀。"意思是，在这里的山道上行走，你会发现四周的山水美得不得了。山和水仿佛活了一般，竞相以各种形态主动送到你面前，一双眼睛根本看不过来。而到了秋冬之际，这里的景色更是令人难以忘怀。这段话里，不只有山和水的互动，还有人和景的互动，构成了观察魏晋南北朝山水审美的一个小窗口。

南方的山水之美，除了有当时的文学家、书法家"点赞"，当然也少不了画家的"点赞"，其中最著名的画家要数顾恺之。顾恺之是东晋杰出的画家，他作画意在传神，其"以形写神"的观点，为中国传统绘画的发展奠定了基础。《世说新语·言语》中记载："顾长康从会稽还，人问山川之美，顾云：'千岩竞秀，万壑争流，草木蒙笼其上，若云兴霞蔚。'"这段话说的是，有一次，顾恺之从会稽（今浙江绍兴）回来，有人问那里的环境怎么样，顾恺之说，那里有成百上千座山峰竞展秀色，有成千上万条溪流竞相奔流，茂盛的草木笼罩在山水之上，就像云雾彩霞一般。顾恺之的描述确实很像一幅大气磅礴的风景画。

陶弘景说"山川之美，古来共谈"，仅从《世说新语》的记载来看，绝非虚言。随着越来越多的士大夫开始寄情山水，山水文学终于登上了历史舞台。

名家辈出

山水文学对大自然的描绘如此精彩，不仅极大地丰富了人们的精神世界，而且拓展出不少词汇以传情达意，这些都使得山水文学的影响越来越大，并随着时代的发展，涌现出不少卓越的作家和优秀的作品。

晚清书画家何绍基行书《节录宗炳〈画山水序〉》扇面。宗炳是南朝著名书画理论家，他好山水，曾将所游山水遍绘室内。宗炳的书画理论主要集中在《画山水序》一文中，他认为山水中蕴含着大道，而通过山水画进入审美的世界，可"澄怀观道"。这一观念对后世产生了极为深远的影响

　　唐朝是诗的朝代，诗歌流派众多。其中，山水田园诗派主要反映田园生活、描绘山水景物，代表人物有王维、孟浩然、柳宗元等。他们继承了晋、宋以来陶渊明、谢灵运等人开创的田园诗、山水诗传统，既能概括地描写雄奇壮阔的景物，又能入微地刻画自然事物的动态，巧妙捕捉适于表现其生活情趣的种种形象，构成清新幽远的意境，极大地推动了山水文学的发展。以王维为例，他的经典诗句，如"明月松间照，清泉石上流""白云回望合，青霭入看无"等，诗中有画，韵致高远，非常值得品味。

　　诗歌之外，六朝山水小品对后世散文也有很大影响。唐朝时，著

名文学家柳宗元被贬永州（今属湖南）。其间，他创作了一系列的山水游记，被称为《永州八记》。在柳宗元之前，永州山水并不为世人所知，但这里的山水景致，在柳宗元笔下，表现出别具洞天的美感。《永州八记》描写的大多是眼前小景，如小丘、小石潭、小石涧等，但柳宗元总能以小见大，犹如沙里淘金，精雕细刻出一种别样的美。如《始得西山宴游记》中对西山的描写："其高下之势，岈（yá）然洼然，若垤（dié）若穴。尺寸千里，攒（cuán）蹙（cù）累积，莫得遁隐。萦青缭白，外与天际，四望如一。然后知是山之特立，不与培塿（lóu）为类；悠悠乎与颢（hào）气俱，而莫得其涯；洋洋乎与造物者游，而不知其所穷。"这样的文字显然比六朝时的山水小品在描写上更为宏阔、更为幽深。更重要的是，他在写这些山水游记时，有意识地将自己被贬后的愤郁之情寄托其中，再度为情景交融的创作手法树立了典范。

时代在变，但秀丽的山川可以穿越千年，使不同时代的山水佳作如共通的语言，读起来总让人沉醉其中。想要写出情景交融的佳作，不妨多去大自然中走一走，让山水流淌在心间。

高分句子铺

山花水鸟皆知己，百遍相过不厌贫。——［唐］戴叔伦《暮春感怀》

行到水穷处，坐看云起时。——［唐］王维《终南别业》

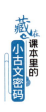

陶弘景与"大字之祖"《瘗（yì）鹤铭》

《瘗鹤铭》是一块非常重要的摩崖书法石刻，刊刻在焦山（在今江苏镇江）的崖壁上。所谓摩崖书法石刻，就是在崖壁上打制出一个相对平整的石面，然后在上面书写，并凿刻出来。由于是在崖壁上书写文字，书写者必须注意人身安全，再加上崖壁的壁面并不十分平整，因此书写者无须执着于局部精细，而要注重整体气势。

《瘗鹤铭》从左向右排列，而不是古代常见的从右向左排，字体虽为楷书，却兼有隶书和行书笔意，用笔圆转藏锋，浑穆高古。其内容是一位隐士为死去的鹤所作的纪念文字，原文12行，每行23字或25字，字的结体呈现出向外扩张的姿态，看上去舒展华美，像翩翩起舞的禽鸟，具有沉毅华美、萧疏淡远的韵致。遗憾的是，原石刻因山崩坠入了江中，后打捞出水，却只剩几块残石，字迹亦有磨损。

《瘗鹤铭》在很长一段时间里无人问津，直到宋人发现它的残石，才获得世人惊叹。北宋书法家黄庭坚对其十分推崇，称它为"大字之祖"，"大字无过《瘗鹤铭》"。至于这件书法作品的作者，历来众说纷纭。黄庭坚认为其或为"书圣"王羲之所书，但也有不少人认为其或为陶弘景所书。铭文中撰写者所留字号"华阳真逸"，据考证正是陶弘景的道号。

《唐雎不辱使命》：
年过百岁的唐雎，真有能力"吓哭"嬴政吗

秦王怫然怒，谓唐雎曰："公亦尝闻天子之怒乎？"唐雎对曰："臣未尝闻也。"秦王曰："天子之怒，伏尸百万，流血千里。"唐雎曰："大王尝闻布衣之怒乎？"秦王曰："布衣之怒，亦免冠徒跣，以头抢地尔。"唐雎曰："此庸夫之怒也，非士之怒也。夫专诸之刺王僚也，彗星袭月；聂政之刺韩傀也，白虹贯日；要离之刺庆忌也，仓鹰击于殿上。此三子者，皆布衣之士也，怀怒未发，休祲降于天，与臣而将四矣。若士必怒，伏尸二人，流血五步，天下缟素，今日是也。"

《战国策》◎《唐雎不辱使命》

真题面对面

【2018年新疆乌鲁木齐中考语文试题】
唐雎为什么要说专诸、聂政、要离三人行刺的故事？请简要分析。

《唐雎不辱使命》与其说是讲外交谋略的历史材料，不如说是回肠荡气的小说或戏剧。

这里，有事件，即唐雎奉安陵君之命出使秦国，与秦王展开激烈辩论，最后折服秦王，为安陵国争取到生存空间一事；有矛盾，唐雎和秦王之间相互以生命相威胁，一个是天子之怒，一个是刺客之怒。当然，刺客之怒，原文为布衣之怒，但唐雎所举事例皆与刺客有关，不妨称之为刺客之怒；有场面，秦王和唐雎怒目而视，剑拔弩张；有人物，即角色生动，色厉内荏的秦王、勇敢机智的唐雎，构成了矛盾冲突的双方，对手戏十分精彩。

更有精彩的台词，"天子之怒，伏尸百万，流血千里"，何等霸气凶残；"专诸之刺王僚也，彗星袭月；聂政之刺韩傀也，白虹贯日；要离之刺庆忌也，仓鹰击于殿上"，何等慷慨激昂；"伏尸二人，流血五步，天下缟素，今日是也"，何等悲壮无畏；"先生坐！何至于此"，何等狡猾怯懦。

如果非从历史角度出发，很多人大概都好奇，战国末期六国面临秦国的碾压，唐雎到底是怎样一个人，能够在大局已定的情况下，依然坚持与秦抗衡。通过史料记载，我们可以大致勾勒出唐雎的形象。

诡异的年龄问题

史书上并没有关于唐雎的传记，但在当时一些重大事件里，偶尔会闪现他的身影。他的聪明才智以及他与一些重要人物的关系，都充满了传奇性。

在《唐雎不辱使命》里，唐雎和当时的秦王，也就是后来的秦始皇嬴政有正面交锋，最后圆满完成任务。据相关文献记载，唐雎接触过的"狠角色"可不止一两个，嬴政在唐雎面前不过是一个"小朋友"，所以他能在气场上镇住这位自称"伏尸百万"的对手。那么，在嬴政之前，唐雎还有怎样的"人生奇遇"呢？

据《史记·魏世家》记载，有一年，齐国和楚国相约攻打魏国，魏国自知招架不住，便向秦国求救。本来魏国是亲近秦国的，双方有如同盟关系。于是，魏国不断派使者到秦国游说，可秦国就是不出兵相救。这时，唐雎站了出来，他对魏王说："我请求前往游说秦王，一定会让秦国的军队在我返回之前赶来救援。"

唐雎到底有多厉害暂且不说，有一点就让人咋舌，因为此时的唐雎据史书记载已 90 多岁，而他要去游说的对象是秦昭襄王。秦昭襄王是秦始皇的曾祖父，他之后的秦王世系是这样的：秦孝文王、秦庄襄王、秦始皇。

按照史籍记载，唐雎不仅游说过嬴政，也游说过秦昭襄王，这其实非常可疑

　　面对秦始皇的先祖，90多岁的唐雎不卑不亢，他对秦昭襄王说："如今齐、楚两国的军队已在魏国的边境会合，秦国的救兵却迟迟不到。现在魏国的形势还不太危急，如果让魏国的形势到了特别危急的时刻，魏国难免割地加入合纵集团。到时大王您再去救援，又有什么用呢？失去魏国这个屏障，便宜了齐、楚两个敌国，这对大王您有什

么好处呢？"秦昭襄王一听，开始坐不住了，决定立刻发兵救魏。

既已和秦昭襄王打过交道，而且占了上风，那么嬴政在唐雎眼中，就算不得什么了，唐雎甚至还说出了威胁嬴政的话："流血五步，天下缟素。"其实，类似的话赵国谋士蔺相如在"渑池之会"时也向秦始皇的曾祖父秦昭襄王说过："五步之内，相如请得以颈血溅大王矣！"意思是，五步之内，我蔺相如完全可以和大王同归于尽，您还是按我说的做吧。蔺相如这么一威胁，秦昭襄王妥协了。同样的，唐雎这么一威胁，嬴政也妥协了。

得知这些信息，再回到《唐雎不辱使命》的故事现场——那位在嬴政面前威武不能屈的唐雎，该是一位白发苍苍的老人，且寿命之长到了匪夷所思的地步。《唐雎不辱使命》一文中有"灭韩亡魏"的话，嬴政灭韩在公元前 230 年、灭魏在公元前 225 年。所以，唐雎代安陵君见嬴政时，已经 130 岁左右。先不说唐雎能不能活这么久，即使真能如此，凭他连现代人都很难达到的年纪，还能有如此强大的气场去威胁年轻气盛的秦王吗？

这究竟是怎么一回事呢？

唐雎或是一群人

除了游说秦昭襄王，据文献记载，唐雎对战国风云人物魏无忌还有过一次劝诫。这对我们更好地了解唐雎也有一定的帮助。

魏昭王去世后，魏无忌的哥哥魏圉（yǔ）继承王位，是为魏安釐

（lí）王。之后，魏无忌被封于信陵（在今河南宁陵西）。当时养士之风盛行，魏无忌经营多年，养有食客三千，在诸侯中很有号召力，人称信陵君，为"战国四君子"之一。

魏安釐王二十年（前257年），秦军围攻赵国都城邯郸（在今河北邯郸西南），赵国的形势十分危急。赵国丞相平原君赵胜的妻子是魏无忌的姐姐，赵胜多次向安釐王和魏无忌求援。安釐王经不起求告，决定派大将晋鄙前去救赵。秦昭襄王得知后，警告安釐王："诸侯中有谁敢救赵国的，攻下赵国后，我一定再打它。"安釐王很害怕，便让晋鄙驻守在邺县（在今河北临漳南），不再向前。所以，魏国名为救赵，实为观望。

魏无忌对此十分忧虑，多次请求安釐王出兵，均未得到积极回应。无奈之下，魏无忌打算带手下与秦军决一死战，与赵国共存亡。这时，门客侯嬴为魏无忌提出了一个扭转战局的计策——安排安釐王的宠妃如姬窃取兵符，然后到军中杀死晋鄙，夺取兵权。魏无忌依计而行，成功夺得兵权后，率大军与赵国共同抗秦。

赵国之危解除后，魏无忌让手下将军带军返回魏国，自己则与门客留在了赵国。赵国国君感激魏无忌的义举，决定把五座城邑赏给魏无忌。听到消息后，魏无忌竟产生了居功自傲、得意忘形的神色。门客中有人注意到了这一点，对魏无忌说："物有不可忘，或有不可不忘。夫人有德于公子，公子不可忘也；公子有德于人，愿公子忘之也。"意思是，有些事不可忘，有些事却不可不忘。别人对你有恩，自然不可忘；你对别人有恩，最好还是忘掉它吧。这位门客进一步解释说，假托魏王命令，夺取晋鄙的兵权以救赵，这对赵国来说是立了大功，但对魏国来说就算不忠了。公子若因此觉得了不起，实在不应该。魏无忌听后，顿觉无地自容。

能说出这番入情入理、发人深省的话，这位门客的见识自然不一般。据《战国策》记载，此人便是唐雎。从说秦救魏到劝谏信陵君，唐雎似乎主要活动在秦昭襄王时期，但实际情况远比此复杂。至少从元朝开始，人们已注意到《战国策》和《史记》中有关唐雎的记载多有不合常理之处，尤其是他的年龄问题。相对合理的解释就是，唐雎的故事或是战国时期诸多谋士事迹的集合体。

战国后期，有一些不惧强秦又善于周旋的谋士，多少能为弱国争取一些利益，挽回一些尊严。这个群体虽然不能改变秦国一统天下的局面，但他们的智慧和英雄气概确实令人钦佩，足以令他们成为历史天空中的熠熠星辰。这些人有蔺相如、鲁仲连、唐雎等。他们的人生往往只有一时的闪光，缺乏专门的记载，后人在追忆他们的时候，难免将这个群体的事迹混在一起，以致出现张冠李戴，甚至过度神化的

高分句子铺

日中则移，月满则亏。——《战国策·秦策三》

行百里者，半于九十。——《战国策·秦策五》

前事之不忘，后事之师。——《战国策·赵策一》

战国末期，秦国对魏国等其他诸侯国形成的威慑可以说非常大

情况。从这个角度而言，唐雎不是一个人，而是一群人。

安陵国因小而暂存

如果唐雎没有活到"韩灭魏亡"的时候，那么《唐雎不辱使命》中的安陵国，还能得救吗？这还得从大的历史背景说起。

粗线条地了解战国，很多人对战国七雄——秦、楚、齐、燕、赵、魏、韩比较熟悉。其实除了战国七雄，当时还有不少小国存在，典型的如宋国、鲁国、卫国。战国时期宋国曾有"劲宋"之称，但宋康王"东伐齐""南败楚""西败魏"，只是表面光鲜，其对内的统治十分暴虐，诸侯皆呼之"桀宋"。公元前286年，宋国发生内乱，齐国借机伐宋，宋国就此灭亡。像齐国一样，春秋时期孔子所在的鲁国，在战国时期也延续了下来，公元前255年为楚国所灭。至于不起眼的卫国，反倒是周朝众多姬姓诸侯国中最后灭亡的，直到秦始皇统治结束依然存在。那么，鲜为人知的安陵国，情况如何呢？我们不妨先从安陵国何以存在说起。

战国时期，除了有一定规模的诸侯国，一些权贵也会获得自己的封国。这些封国位于诸侯国内部，势单力薄，很难有什么话语权。以"战国四君子"之一的孟尝君为例，孟尝君是齐国权贵，门客冯谖曾以"狡兔有三窟"劝孟尝君多占地盘，这样才能在乱世之中高枕无忧。孟尝君也确实这么做了，他的其中一窟就是薛邑。薛邑对孟尝君而言就是一个独立的小邦。虽说狡兔三窟是上策，但薛邑的存在很尴尬。孟尝君在时，凭借他的威信，大家还不敢对薛邑怎么样。孟尝君死后，薛邑的存在显得那么突兀，很快便被大的诸侯国瓜分了。没有孟尝君这样的名臣，安陵国这样的小国就更显得默默无闻了，但它还是以独特的方式，在历史中留下了自己的声音。

安陵国是魏王分封给魏国贵族的封国，其地虽小，但是合法的。所以安陵君托人向秦王据理力争，希望保全自己，是完全可以理解

　　秦始皇二十六年（前 221 年）诏版拓片。此诏版的内容为："廿六年，皇帝尽并兼天下诸侯，黔首大安，立号为皇帝。乃诏丞相状、绾，法度量则不壹、歉（嫌）疑者，皆明壹之。"秦始皇和秦二世颁布诏书时，多将其刻在金属板或量器上，这些器物被后世称为秦诏版。秦诏版对历史研究和书法研究都有非常重要的价值

的。不可思议的是，唐雎或者别的某位辩士，最后居然真的保住了安陵国。这听起来很不合理，其实也不是没有可能，通过魏国另一个封国的命运我们可以推知一二。除了安陵国，魏国还有一个封国叫宁陵国，直到秦末它还存在，宁陵君魏咎后来还被秦末起义军领袖陈胜立为魏王。如果卫国、宁陵国都成功躲过了嬴政的战火，那么像它们一样没有威胁的安陵国，自然也有暂时生存下来的可能。只不过是否真有一位唐雎一样的人物，曾那般威胁过秦王嬴政，就很难为人所知了。

语言就是力量

西汉刘向在为《战国策》作序时，指出了战国时期辩士的重要性：“苏秦为从，张仪为横。横则秦帝，从则楚王。所在国重，所去国轻。”也就是说，战国时期的风云变幻往往取决于苏秦、张仪这样的辩士，他们的去留甚至能决定一国地位的高低。“一人之辩重于九鼎之宝，三寸之舌强于百万之师。”可以说，战国时期的辩士将语言的力量发挥到了极致。而《唐雎不辱使命》这个故事不过是其中的一个例子罢了。纵观古代历史，类似的例子还有很多，比如南北朝时期陈伯之被劝降一事。

天监四年（505 年），南朝梁武帝派兵北伐，与北魏大将陈伯之对峙。陈伯之原为南梁将军，后起兵反梁，兵败而降北魏。如今，两军对峙，恶战在即，梁武帝遂安排著名文学家丘迟写信劝降陈伯之。丘迟向以文采著称，很快就写好了这封信，即著名的《与陈伯之书》。没多久，陈伯之便带领 8000 名士兵投降了。历代评论者认为，之所以会出现这样的结果，正是因为陈伯之内心的坚冰被丘迟的文字彻底消融了，尤其是其中晓之以乡情的 16 个字：“暮春三月，江南草长，杂花生树，群莺乱飞。”陈伯之恶少出身，长大后做过强盗，后来从军，大字不识，但听到这样的文字瞬间被感动，可见语言的力量是多么强大。当然，任何事物都有两面性，就看我们如何使用语言这种力量。

《出师表》：深知"益州疲弊"的诸葛亮，为何还要主动打下去

先帝创业未半而中道崩殂，今天下三分，益州疲弊，此诚危急存亡之秋也。然侍卫之臣不懈于内，忠志之士忘身于外者，盖追先帝之殊遇，欲报之于陛下也。诚宜开张圣听，以光先帝遗德，恢弘志士之气，不宜妄自菲薄，引喻失义，以塞忠谏之路也。

诸葛亮◎《出师表》

真题面对面

【2023年甘肃天水中考语文试题】

文中（选文为《出师表》）诸葛亮为后主提出了哪三条建议？

按照后世的评价，诸葛亮并不以文学家的身份著称，而以蜀汉丞相的身份彪炳史册。就是这样一位政治家、战略家、军事家，却留下

千古传诵的文学名篇《出师表》。我国古代讲究"文以人传"，一个人的品格高尚、某方面的成就很突出，往往会提高他的文学地位。其实，换个角度看，好的文章未必一定出自专业作家之手。一个人在某一领域研究得很精深，又有丰富的情感，一旦下笔，往往也能达到良好的表达效果。

诸葛亮在政治和军事领域的成就有目共睹，加上他对蜀汉的发展极为用心，从"隆中对"到赤壁之战，再到入蜀夺汉中，几乎参与了蜀汉发展的每一步，最后又有刘备临终托孤，写作《出师表》时，他多年蕴蓄的情感喷薄而出。这篇作品能成为经典流传，自在情理之中。

正因诸葛亮的身份复杂、作品的体裁特殊，想要好好领会《出师表》的妙处，就不能全从写作技巧入手，还要去了解蕴含在字里行间的其他信息，包括历史密码、军事密码、政治密码等。比如"益州"这个词对《出师表》而言就非常重要，我们不妨从这个贯穿全篇的地理名词入手，对《出师表》中蕴蓄的情感进行另一番感受。

益州之地

《出师表》开篇就提道："先帝创业未半而中道崩殂，今天下三分，益州疲弊，此诚危急存亡之秋也。"为什么现在到了危急存亡的时刻？就是因为益州开始出现疲软状态，人力不足，物资匮乏，各方

面的状况都不容乐观。而益州是刘备的大本营，如果这里出现什么闪失，对蜀汉集团而言将是致命的。

东汉末年，益州和刘备相距甚远。刘备为涿郡涿县（今河北涿州）人，而益州在西南，也就是今四川一带。考虑到古代交通不便，益州在"刘皇叔"脑中，最初大概就是一个没有多少存在感的地理名词。更重要的是，实力不允许他多想——一个靠织席贩履为业的人，维生尚且艰难，更不要说占有天下一席之地了。

第一个"馋"益州的，是比刘备年长的刘焉。在当时的环境里，刘焉取益州合情合理。首先是实力允许。刘焉是什么人呢？他是货真价实的汉朝宗室、西汉鲁恭王刘余之后，年轻时便因宗室身份而被朝廷授予官职。随着年龄的增长、阅历的丰富，他的实力一直在增强。

其次是见识使然。刘焉是个有远见的人，其远见来自经历。刘焉虽是皇族，却并未沉溺在富贵乡里。他在地方上做过低级官吏，又在朝中做过宗正、太常这样的大官，是经历过大风大浪的人，其见识自然超越常人。

有了这些积淀，当天下形势有变时，他果断抓住了机会。汉灵帝晚年，朝纲混乱、王室衰微，刘焉预感到京师将乱，便向朝廷建言："地方上的刺史、太守行贿买官，盘剥百姓。为了防止事态进一步恶化，不妨挑选清廉的朝中要员前往地方担任牧伯，改刺史制度为州牧制度，借以安定天下。"他还表示愿意身先士卒，垂范天下，于是自请外调。此举看似他以身作则，实为躲乱避祸。

| 诸葛亮在《隆中对》中提出的战略规划可以说是天才的构想

    本来，刘焉已决定到十分偏远的交趾（辖今广东、广西大部分和越南北部、中部）做州牧，这时有人告诉他，益州有天子气。于是，刘焉又转求调往益州做州牧。以他的资历，得到批准是自然而然的事。就这样，刘焉名正言顺地来到了益州，开始经营自己的一亩三分地。

想把益州经营好，守好门户非常重要。这就显出了汉中的重要性。刘焉当然明白这一点，于是派手下张鲁夺取了汉中。不承想，张鲁在汉中得势后，居然截断交通，斩杀汉使，成了割据一方的军阀。张鲁此举虽不为刘焉所喜，但客观上为刘焉封锁益州做出了贡献。从此，益州和中原没了来往，成了独立王国。就连天下诸侯讨伐董卓之时，刘焉也拒不出兵。

之后，中原大乱，大量流民进入益州，刘焉悉数收编，致使其野心越来越大，甚至想要做皇帝。但像当时很多想做皇帝的人一样，他的愿望不仅没有实现，最后还落得忧惧而疾、疮发而亡的结果。

显然，那个注定要在益州称帝的人并不是他。此后，益州落到了刘焉幼子刘璋的手中。

隆中对策

益州于刘备而言，曾是一个陌生而遥远的地方。殊不知历史的推手，正推着他一步一步地往益州方向移动。

有的人往往穷其一生，都不知道自己该往哪里去、该怎么做，只知道自己想要什么。刘备就曾陷入过这样的迷惑。他梦寐以求的地方一度是徐州，而徐州，也确曾离他很近。

汉灵帝光和七年（184 年），巨鹿（治所在今河北平乡西南）人张角发动黄巾起义，对东汉朝廷的统治产生了巨大冲击。各地纷纷招募兵士以对抗起义军。年轻的刘备与关羽、张飞因组织了一支义勇军，因镇压起义有功而崭露头角。因为实力有限，之后多年，刘备辗转各地，虽有雄心壮志和一定威望，却始终只能依附他人，并在诸侯混战中屡遭失败，没有一处像样的地盘。

汉献帝兴平元年（194 年），曹操攻打徐州。徐州牧陶谦不能抵挡，不过得到了刘备等人的支持。陶谦对刘备甚是感激，表刘备为豫州刺史，屯兵小沛（沛县的别称，今属江苏）。不久，陶谦病重，认为非刘备不能使徐州安定。陶谦死后，刘备统领徐州。可好景不长，建安元年（196 年），袁术与吕布同时进攻徐州，刘备溃败，只得前去投奔曹操。之后，刘备联合曹操攻打吕布，吕布败亡，曹操夺取徐州。

汉献帝建安五年（200 年），刘备与曹操决裂，攻占徐州。曹操趁刘备立足未稳，亲率大军征讨。刘备仓促应战，以失败告终，就连关羽也被俘虏，刘备不得不投靠曹操当时最大的竞争对手袁绍。

在与徐州纠缠不清的道路上，刘备始终整不明白：为什么我这么爱徐州，徐州就不能为我所用呢？对荆州，刘备可能也问过同样的问题。因为在接下来的数年中，荆州在他的生命中扮演了与徐州相似的角色。

建安五年，曹操在官渡以少胜多大破袁绍，之后腾出手来开始对付刘备。刘备决定投靠荆州牧刘表，受到了荆州豪杰的礼遇。这让刘表深感不安，对刘备处处提防。尽管如此，刘备在荆州还是过了几年安稳日子。但作为胸怀大志之人，这样的生活显然不是他想要的。

有一次，刘备在宴会期间如厕，发现自己大腿上出现了赘肉，不禁悲从中来。回到座位上，刘表见刘备好像流过眼泪，便询问原因。刘备回答说："过去我常在马背上奔驰，身体不离马鞍，大腿上一点赘肉都没有。如今我已久不骑马，大腿上竟然都长出了赘肉。想到时间流逝，我越来越衰老，尚一事无成，感到很不是滋味啊！"

自己究竟该往何处去？当时的刘备显然不知道该如何回答这个问题，还需要等待一个后生帮他弄明白，这个后生就是诸葛亮。一旦弄清楚了这个问题，诸如徐州、荆州、益州，哪些地方更重要，也就一目了然了。

诸葛亮在《出师表》中交代了他和刘备的相遇："先帝不以臣卑鄙，猥自枉屈，三顾臣于草庐之中，咨臣以当世之事……"什么是"当世之事"？自然是刘备该在哪里安身立命、该在哪里扬帆起航的事。而诸葛亮对这一问题的回答就是著名的"隆中对"。

诸葛亮为刘备分析道："荆州北据汉、沔（miǎn），利尽南海，东连吴会（kuài），西通巴蜀，此用武之国，而其主不能守，此殆天

🌀 高分句子铺 🌀

和羹之美，在于合异，上下之益，在能相济。

——［晋］陈寿《三国志·魏书·夏侯玄传》

成功于千载者，必以近察远，智周于独断者，不耻于下问。

——［晋］陈寿《三国志·魏书·刘廙传》

所以资将军，将军岂有意乎？益州险塞，沃野千里，天府之土，高祖因之以成帝业。刘璋暗弱，张鲁在北，民殷国富而不知存恤，智能之士思得明君。将军既帝室之胄，信义著于四海，总揽英雄，思贤如渴，若跨有荆、益，保其岩阻，西和诸戎，南抚夷越，外结好孙权，内修政理；天下有变，则命一上将将荆州之军以向宛、洛，将军身率益州之众出于秦川，百姓孰敢不箪食壶浆以迎将军者乎？诚如是，则霸业可成，汉室可兴矣。"

一语点醒梦中人，从此，"刘皇叔"下半辈子的努力方向就是顺着荆州往西边发展，直到占有益州。上天在眷顾过曹操和孙权之后，终于开始眷顾刘备。建安十三年（208 年），一场赤壁之战将曹操的风头打压了下去，刘备借机从刘表手中拿下了荆州，天下三分的局面逐渐形成。

建安十九年（214 年），刘备劝降刘璋，占据益州，又于建安二十四年（219 年）夺取汉中，进位汉中王。至此，他的人生大业已完成大半。但艰难的正是最后一步，诸葛亮很明白，占益州、取汉中，三分天下有其一，绝不意味着曙光在前。相反，一旦"益州疲弊"，一切将毁于一旦。

诸葛亮许下的诺言含泪都要走完

黄初七年（226 年），魏文帝曹丕病逝，缺乏统治经验的曹叡继位。诸葛亮决定抓住时机，北伐中原。次年临行之时，诸葛亮上《出

即使知道坚持北伐对蜀汉有致命的危险，诸葛亮却不得不这么做

师表》，向后主刘禅表达了北伐的坚定决心："今南方已定，兵甲已足，当奖率三军，北定中原，庶竭驽钝，攘除奸凶，兴复汉室，还于旧都。"但这里有一个矛盾，既然"益州疲弊"，又何苦以疲弊之躯北伐中原呢？这里就涉及以攻为守的问题了。

益州在当时确属偏僻之地，人口与其他州相差甚远。在冷兵器时代，人口基数和实力大致成正比。所以，蜀汉的实力远不如魏国，甚至连吴国也不及。既然实力不济，仗着蜀地天险，坐守天府之国不行吗？不仅不行，而且十分危险。三足鼎立，弱小的一方要面对另外两方的轮番攻击，一定会最先灭亡。与其坐以待毙，不如主动出击，一旦有所斩获，便能焕发生机。

当然，诸葛亮一定要出师北伐，还有情感上的原因。当初诸葛亮在制订夺取天下的计划时说得很清楚，占领益州后，如果天下形势有变，便可派两路大军一起北伐，一路由一位上将率军从荆州出击，另一路则由刘备亲自率军从益州出击。刘备后来确实也这么做了。首先他亲率大军和曹操在汉中搏杀，取得了一些胜利，然后驻守荆州的关羽在和曹军的战斗中也取得了一些胜利。但此后，好运开始不再眷顾刘备一方——关羽"大意"失荆州，刘备擅自攻打东吴，结果一败涂地。

荆州没有了，益州自然孤立无援。所以，《出师表》里的"益州疲弊"，不只是说益州太弱小、内部问题太多，更重要的是失去了荆州这个侧翼。所以，"益州疲弊"四个字看似简单，却又包含了多少历史风云、英雄血泪啊。

刘备、关羽、张飞三人已然不在，自己制订的计划只得自己去完成，诸葛亮的压力之大可想而知。在《出师表》里，他坦露了自己的心迹，"受命以来，夙夜忧叹，恐托付不效，以伤先帝之明"，以致最后"临表涕零，不知所言"。我们读《出师表》，了解了这些历史，自然更能体会诸葛亮的苦心，进而理解他何以老泪纵横。"出师未捷身先死，长使英雄泪满襟"，诸葛亮的事业虽未圆满，但他的品格确实值得钦佩。

鲜为人知的"吴中对"

三国时期，谋臣策士大放异彩，刘备有诸葛亮，孙权则有鲁肃。诸葛亮与刘备有"隆中对"，孙权与鲁肃则有"吴中对"。建安五年（200年），孙权约见鲁肃，提道："今汉室倾危，四方云扰，孤承父兄余业，思有桓文之功。君既惠顾，何以佐之？"鲁肃就此提出了自己对天下大势的看法："肃窃料之，汉室不可复兴，曹操不可卒除。为将军计，惟有鼎足江东，以观天下之衅。规模如此，亦自无嫌。何者？北方诚多务也。因其多务，剿除黄祖，进伐刘表，竟长江所极，据而有之，然后建号帝王以图天下，此高帝之业也。"鲁肃对策的中心思想是，孙权只要稳据江东，与曹操形成抗衡之势，以观天下之变，必然有所成就。

"吴中对"与诸葛亮的"隆中对"有不少相似之处，时间上却早了7年。两大对策的相同之处是，都肯定了曹操的强大，只有占据一席之地，然后联合外力见机行事，才能成就霸业。两者最大的不同在于，诸葛亮主张复兴汉室，鲁肃则认为汉室不可复兴。这一差异导致的直接后果是，蜀汉一方必然始终与曹操这个强大的对手为敌，处境较为被动，而东吴既可联合刘备，亦可联合曹操，外交政策相对灵活。著名史学家裴松之在为《三国志》作注时提道："刘备与（孙）权并力，共拒中国（指曹魏），皆肃之本谋。"这自然是对鲁肃才能的高度认可。

第三辑

文学家的

绝唱

《狼》：
以史家之笔写小说，蒲松龄的作品有啥不一样

> 少时，一狼径去，其一犬坐于前。久之，目似瞑，意暇甚。屠暴起，以刀劈狼首，又数刀毙之。方欲行，转视积薪后，一狼洞其中，意将隧入以攻其后也。身已半入，止露尻尾。屠自后断其股，亦毙之。乃悟前狼假寐，盖以诱敌。
>
> 狼亦黠矣，而顷刻两毙，禽兽之变诈几何哉？止增笑耳。

蒲松龄◎《狼》

真题面对面

【2011年浙江宁波中考语文试题】

从这则寓言（选文为《狼》）中，你得到了什么启示？

《聊斋志异》是清朝小说家蒲松龄所作的文言短篇小说集，其谈鬼说狐，提起来多少令人心惊。其实，鬼狐只是表面上可怕，更凶险

的是人心。所以，蒲松龄的很多作品，内里表现的依然是人，展现的是现实世界的冷暖。尤其在科学昌明的今天，绝大部分人不会再因不存在的事物而心生畏惧，让大家更感惊惧的，往往是来自现实世界的威胁，比如在路上遇到狼！

古代的生态与现代有很大区别，狼远不像现在这般稀少，所以中外的古代文献中，有不少与狼相关的惊心动魄的故事。这些故事不仅读来饶有趣味，也成为后人研究古代社会生活的重要资料。我们不妨通过《聊斋志异》中与狼有关的故事，去看看蒲松龄是怎么写狼，以及为什么要写狼的。

小故事的"细读"功夫

在蒲松龄有关狼的故事中，有一些没有太多神怪色彩，课本中这则屠户与狼对抗的故事便是如此。在黄昏回家的路上，屠户遇到两只狼。它们饿疯了，一直紧跟着屠户。屠户担子里的肉卖光了，好在还有一些骨头可以扔出去吸引狼的注意。其实，投喂狼并不是什么安全的法子，尝到甜头的它们只会得寸进尺。事实证明，这确实没能阻止两只狼的继续追踪。

屠户顿时紧张起来，开始想办法保证人身安全。他首先注意到了一块麦场中间的草垛。背靠草垛，占据有利地形，便可防止两只狼前后夹击。只是那两只狼是懂"兵法"的，一只狼在前"假寐"牵制屠户，另一只则假装离开，实则绕到屠户后面，准备穿过草垛从背后偷袭。好在屠户出手快，击杀眼前这只狼后，很快发现了它们的阴谋。

通过这则故事，蒲松龄想带给人们的教训是，狡诈只是自作聪明的小伎俩罢了，与其多此一举遭人耻笑，不如老老实实做人。

除了人生经验，这篇作品还可以从其他方面加以注意。比如它向人们展示的是我国古代北方地区的生活画面。一方面，行人在野外遇到狼的概率还是比较高的。在人烟稀少的乡村，狼甚至会和人类杂处。这也是为什么狼是一个危险因素，成为人们心中投下抹不去的阴影。这样的情景在欧洲各种各样的"小红帽"故事中也有反映。另一方面，作品里麦场中间的草垛，也展现了我国农业社会的面貌，这样的景象在我国北方乡村一度常见。只是随着社会变迁，类似的场景对很多人来说也变得陌生了。

当然，这则故事也告诉了我们，在面临危险时该如何从容以对：先要克服恐惧，保持冷静，然后分析自己的优势，接着是等待时机，迅速行动。

《梦狼》的可怕场面

屠户遇狼，虽然可怕，但毕竟手中有刀，形势可控，而《聊斋志异》里另一个关于狼的故事，就比屠户遇到狼恐怖多了。这个故事名叫《梦狼》。

《聊斋志异》中有不少关于狼的故事，有些极富深意

直隶（旧省名，包括今北京、天津、河北大部分和河南、山东的小部地区）这个地方有位姓白的老人，其长子白甲在南方为官，已经三年没有消息了。有一天，他们家一个姓丁的远房亲戚前来拜访，白翁设宴招待他。席间，他们谈起有关冥界的话题，这个亲戚说了一些虚幻不着边际的话。白翁微微一笑，不以为真。

　　别后数日，白翁刚要睡下，那个亲戚又来了，邀白翁同游。然后，两人一起进了一座城，那位亲戚指着一扇大门说："这里是你外甥的官署。"白翁姐姐的儿子当时在山西做县令，白翁惊讶地说："他怎么会在这里呢？"白翁进了大门，远远看见外甥身穿威武的官服坐在大堂之上。只是还没来得及进入大堂，那位亲戚便将白翁拉了出来，说："你家公子的衙署，离这里不远，要去看看吗？"白翁答应了。

　　很快，他们来到一处官署。白翁探头向里一看，竟然有一只巨狼挡在路上。他很害怕，不敢进去。亲戚说："进去吧。"白翁又进了一道门，见大堂上下，坐着的、躺着的，全是狼。再看堂前的台阶，竟堆积着厚厚的白骨。白翁的儿子白甲正从里面出来，见到父亲很是高兴，吩咐下人立刻准备饭菜。忽然，一只狼叼着一个死人跑了进来，白翁一下子站了起来，恐惧地说："这是干什么？"白甲说："权且算道菜吧。"

　　白翁惶恐不安，想告辞回去，一群狼挡住了他的去路。正在进退不得之时，忽见群狼嗥叫着四散奔逃。白翁错愕不解。很快，两个金

甲猛士怒目而入，用绳索将白甲绑了起来。白甲扑倒在地，变成了一只猛虎，牙齿闪闪发亮。一个猛士拔出利剑，想要砍下老虎的脑袋；另一个猛士说："先别砍，这是明年四月间的事儿，不如先敲掉它的牙齿。"于是，猛士直接拿出铁锤敲掉了老虎的牙齿。老虎凄惨的叫声震动了山岳。

白翁大为恐惧，一下子醒了过来，才知道这是一场梦。但他隐隐觉得儿子为官不正，于是派白甲的弟弟前去送信，劝诫白甲。弟弟来到白甲那里，见白甲的门牙竟然掉光了。白甲说这是那天自己喝醉时坠马磕掉的。次子一算，时间正是父亲做梦那天。白甲读完父亲的信，脸色苍白，过了一会儿说，这纯属巧合，没什么可大惊小怪的。那时，白甲正在贿赂当权的官员，希望得到升迁，便没将父亲的话放在心上。弟弟在白甲的官府中住了几天，见满堂皆是恶吏，与虎狼无异，知道白甲已无法挽救，便回家了。白翁听说后，悲恸不已。

第二年四月，白甲被调往京城，结果路上被强盗所砍，幸得好人相救，才保住脑袋。但因为"邪人不宜使正，以肩承领可也"，此后他的两只眼睛只能看向自己的身后了。

与屠夫遇狼的故事相比，这个故事的内容显然更为惊悚。屠夫遇狼，凭借武器和战术尚能全身而退。而《梦狼》当中的狼，隐喻的是封建社会腐败的官吏，他们可比自然界的狼残忍多了。当然，自然界的狼也好，衙门里的"狼"也好，蒲松龄都以悲悯的情怀，通过它们给我们带来了诸多思考。

蒲松龄的老师

古人著书立说，或为记载历史，以传后世；或为惩恶扬善，劝诫世人；或为吟咏性情，歌颂美好……凡是提笔著文，总有一个动机，而被我国古代不少文学家所接受的一个很重要的创作动机，便是抒发"孤愤"。

有着非凡抱负的文化人，对时代的发展，往往有前瞻性思考，一时不合流俗，便不免产生孤独感、愤怒感，形诸文字，便极富感染力。比如屈原，感时伤国，愤而作《离骚》。诗中的悲愤之情，读来确实让人感动。再如《水浒传》，它被古人评为一部"怒书"，其中满是替天行道之怒、愤而抗争之怒。而《红楼梦》的作者曹雪芹说自己的创作为"满纸荒唐言，一把辛酸泪"，其中自然有对"孤愤"的抒发。

我国古代最重要的史书之一《史记》，同样是一部抒发"孤愤"的著作。在司马迁看来，从《周易》到《诗经》，从《离骚》到《左传》《国语》，从《孙子兵法》到《吕氏春秋》，都是圣贤的"发

高分句子铺

有志者，事竟成，破釜沉舟，百二秦关终属楚；苦心人，天不负，卧薪尝胆，三千越甲可吞吴。——[清]蒲松龄《自勉联》

书痴者文必工，艺痴者技必良。——[清]蒲松龄《聊斋志异·阿宝》

"愤"之作。秉承这种精神，司马迁创作了《太史公书》，也就是《史记》，希望把自己的所见所闻记录下来，"藏之名山，传之其人"，"究天人之际，通古今之变，成一家之言"。

可以说蒲松龄继承了先辈著书的"孤愤"精神。他才华横溢，年纪轻轻便以县、府、道三考第一而闻名籍里。他和妻子省吃俭用，晚年也有些良田房屋，生活还算不错。但蒲松龄的生活只是表面平静，对时代的深刻观察和独特领悟，始终让他"孤愤"难平。尤其多次参加省试不第，好比花朵随风飘舞，不得其位，只能借狐仙花妖诉说情

蒲松龄74岁时的画像。蒲松龄在画上的第一段跋中说："尔貌则寝，尔躯则修，行年七十有四，此两万五千余日，所成何事而忽已白头？奕世对尔孙子，亦孔之羞。"接着，他在第二段跋中说："癸巳九月，筠嘱江南朱湘鳞为余肖此像，作世俗装，实非本意，恐为百世后所怪笑也。"两段跋语充满了自嘲

怀，"仅成孤愤之书"，这便是《聊斋志异》。通过其中有关狼的故事，我们多少可以感受到蒲松龄的这种"孤愤"精神。

从抒发"孤愤"之情的创作动机看，蒲松龄的《聊斋志异》与司马迁的《史记》有内在传承关系。而且蒲松龄向司马迁学习的意图极其明显，最明显的一个证据是，《史记》中司马迁时常站出来发表评论，是为"太史公曰"，而蒲松龄在《聊斋志异》中也经常站出来发表评论，是为"异史氏曰"（《狼》这篇作品中的"异史氏曰"在选入课本时做了删节）。所以，司马迁在一定程度上可谓蒲松龄的老师。

关于司马迁和蒲松龄的创作心态，其实并非一种对什么都不满、对什么都抱怨的精神状态。它应该说是一种充满建设性与创造性的精神状态，其中包含对美好事物和人性的赞美，对历史"正能量"的肯定，以及对美好未来的期许。要知道，正是因为富于积极向上的力量，并带给人们美好的期待，很多历史事物才最终经受住了时间的考验。

民族文化是可以传承的，前人的作品里凝聚着他们的理念、精神，把前人的作品研究透了，他们的"能量"也就传递给了我们。即便我们今天不写人物传记，也不写"鬼故事"，但《史记》和《聊斋志异》这两部著作的艺术表现手法完全可以被我们运用到切合自身实际的创作中去。蒲松龄从《史记》中"读出"了一部《聊斋志异》，我们又何尝不可以向前人学习，让他们成为我们的老师呢！

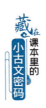

"异史氏曰"都说啥

　　《聊斋志异》中有短篇小说近 500 篇，很多人可能以为这些故事皆是蒲松龄的原创，其实不然。对这些志怪故事的来源，蒲松龄说得很清楚："情类黄州，喜人谈鬼。闻则命笔，遂以成编。久之，四方同人，又以邮筒相寄，因而物以好聚，所积益夥（huǒ）。"也就是说，《聊斋志异》中不少故事是蒲松龄收集来之后，用自己的语言写出来的。所以，一些故事的情节也非蒲松龄说了算。可蒲松龄又不愿意只是再现这些故事，而不表达自己的思想感情，于是便采取"异史氏曰"的形式，对一些故事进行了评论和补充。

　　据统计，《聊斋志异》中带有"异史氏曰"内容的有近 200 则，这些评论和补充内容绝大部分位于篇末，很好地拉近了志怪故事与人间的距离，增添了现实感和批判力，比如对官场黑暗面的揭露、对世态炎凉的愤慨、对科举误人的抨击、对道德沦丧的疾呼等。当然，其中也不乏建设性的启示之语，比如对"痴"的论述："性痴则其志凝，故书痴者文必工，艺痴者技必良。世之落拓而无成者，皆自谓不痴者也。"总之，与"太史公曰"的史家之笔不同，"异史氏曰"兴之所至，涉笔成趣，讽喻世情，直抒胸臆，既锋利痛快，又含蓄隽永，很有个性。

《爱莲说》：
莲的"人设"成君子，为什么具有颠覆性

予谓菊，花之隐逸者也；牡丹，花之富贵者也；莲，花之君子者也。噫！菊之爱，陶后鲜有闻。莲之爱，同予者何人？牡丹之爱，宜乎众矣。

周敦颐◎《爱莲说》

真题面对面

【2022年湖南常德中考语文试题】

你从"莲之爱，同予者何人"中读出了作者怎样的感情？

依据上文（选文为《爱莲说》），谈谈"出淤泥而不染"君子人格的现实意义。

热考知识点

人类在审美的征程上，总是善变的。花还是那朵花，美还是一样美，但定位一变，花又不是那朵花，美又不是那种美了。也就是说，

花也好，美也好，地位是可以被颠覆或者被改变的。

比如，说到莲花，你会想起什么呢？大概不少人会想到《爱莲说》。尤其是其中一段精彩的描述："出淤泥而不染，濯清涟而不妖，中通外直，不蔓不枝，香远益清，亭亭净植，可远观而不可亵玩焉。"

总之，莲花有君子之风。后世人想要表达自己的清高，便可以拿莲花说事儿。然而，你可能想不到，在《爱莲说》之前，有关莲花的"画风"可不是这样的。我们不妨来看看莲花在成为"君子"之前有什么样的"人设"。

莲花也有娇媚时

关于莲花的"人设"，我们稍稍往前推一点。

唐朝王昌龄曾写诗道："荷叶罗裙一色裁，芙蓉向脸两边开。乱入池中看不见，闻歌始觉有人来。"采莲少女的绿罗裙混在田田荷叶之中，青翠的颜色让罗裙和荷叶融为一体，难以分辨。她们的脸庞掩映在盛开的莲花中间，仿佛另外的莲花。人面和莲花摇曳相应，更让人难以分清。就这样，进入莲池的她们，仿佛隐蔽起来，不见了踪影。听到她们四起的歌声，才让人觉察，原来她们早已在这里。既然采莲少女和池中莲花让人难以分清，那么，莲花在王昌龄的诗中便偏向少女的"人设"。实际上，这在唐诗中是一种较为常见的现象。

| 周敦颐对莲花"人格"的重新设定在后世产生了深远影响

皮日休是晚唐著名文学家，他写过一首七言律诗《咏白莲》，诗中的莲花也十分柔美："腻于琼粉白于脂，京兆夫人未画眉。静婉舞偷将动处，西施嚬（pín）效半开时。通宵带露妆难洗，尽日凌波步不移。愿作水仙无别意，年年图与此花期。"诗中，皮日休将白莲比作美人，就连西施与她相比都要逊色几分，可见其天生丽质。

唐朝诗人中还有一位写莲花的高手，那就是"青莲居士"李白。李白既以莲花为号，是不是意味着莲花在他心中已是君子的象征呢？其实，这里的青莲更多与佛教有关，表示高洁和心无挂碍，所谓"居

士"指的正是在家修持佛法的佛教徒。那么，李白笔下的莲花是什么样的呢？他曾写过这样一首《古风》："碧荷生幽泉，朝日艳且鲜。秋花冒绿水，密叶罗青烟。秀色空绝世，馨香竟谁传。坐看飞霜满，凋此红芳年。结根未得所，愿托华池边。"这里的莲花明显是李白的自况。怀才不遇的他，不正如这秀色绝世却不为人知的莲花般落寞吗？那么，李白这里所写的莲花，如果非要有一个"人设"，该是一位君子还是一位女子呢？从"秀色""红芳年"这些词汇看，女子的"人设"似乎更为贴切。

李白的这首诗名为《古风》，也就是说这是一首拟古诗，那么在此之前的人们又是如何写莲花的呢？这就不能不提对后世文人影响巨大的汉朝乐府诗和"古诗十九首"了。唐朝诗人所谓的"拟古"，多是模仿这两个系统的诗风。

纵观流传后世的汉朝乐府诗，"采莲"可以说是其中一个非常重要的题材，由此诞生了不少可称为"采莲曲"的作品。这些作品多描写江南一带的自然风光，展示采莲女子的生活情态，以及她们对美好爱情的向往。比如这样一首无名氏的作品："江南可采莲，莲叶何田田。鱼戏莲叶间。鱼戏莲叶东，鱼戏莲叶西，鱼戏莲叶南，鱼戏莲叶北。"而"古诗十九首"中也有类似的作品："涉江采芙蓉，兰泽多芳草。采之欲遗谁？所思在远道。还顾望旧乡，长路漫浩浩。同心而离居，忧伤以终老。"

"采莲曲"因为语言简洁明快，意境优美隽永，对后世产生了深远影响，魏晋南北朝以至唐宋，皆有不少类似的模拟之作。比如南朝刘孝威的《采莲曲》："金桨木兰船，戏采江南莲。莲香隔浦渡，荷叶满江鲜。房垂易入手，柄曲自临盘。露花时湿钏，风茎乍拂钿。"采莲的女子坐着装饰精美的木船在河道中穿行。阵阵莲香隔着沙洲传来，满江鲜嫩的荷叶分外悦人眼目。饱满的莲蓬从荷叶上弯折下来，仿佛放在盘子当中便于人采摘。莲花用露水打湿采莲女子的手钏，花茎在风的帮助下，不时拂过她们头上的花饰。

各类"采莲曲"的画面特别美好，但从中我们也很容易看到，这里的莲花和人格尚没有十分明确的关系，但因其常与采莲女一同出现，便容易被视同女子，从而为它后来人格的出现奠定基础。

周敦颐的打造

时光推移至北宋，著名理学家周敦颐赋予了莲花一种明确的人格。

宋仁宗嘉祐八年（1063 年），任虔州（今江西赣州）通判的周敦颐，在巡行所主之县时，邀杭州人钱拓、宁波人沈希颜等同游，其间创作了部分诗文，其中最重要的当数这年五月所作的《爱莲说》。

怎样的情景触发了周敦颐以莲花为题进行创作已不得而知，但生长于南方道州营道（今湖南道县）的周敦颐对莲花情有独钟并不奇怪，毕竟自己的家乡到处可见莲花的身影。所以，当他想要写一篇与莲花有关的文章时，即便他的眼前没有莲花，莲花于他也并不陌生。

写莲花，究竟写什么好呢？这时，这位思想家的独特价值很快体

现出来了。作为宋明理学的开山祖师，周敦颐提倡"文以载道"，强调文章不能只在乎修辞，而要更多地承担道德等方面的价值。这一创作主张在《爱莲说》中展现得淋漓尽致。

当然，写一样东西，尤其是自然界的草木，首先还得从其自然构成和生长环境入手，然后再写其社会属性、特殊内涵。周敦颐决定先把魏晋南北朝以至隋唐的冶艳之词全部抛开，不跟着它们走，而是直接观察写作对象的原始风貌。他的眼光向下移，观察泥土，淤泥污秽不堪，莲花却冰清玉洁，这显然是一个绝佳的对比。这种对比转移到社会属性是什么？那就是不受周围恶劣环境的影响，"出淤泥而不染"。眼光上移，观察水面的清波。莲花出水，有人认为妖娆，周敦颐却不以为然，认为它"濯清涟而不妖"。这番言辞可以说直接改变了水上莲花的形象。

赋予事物全新的形象，当然需要给出足够的理由，好在周敦颐有植物学家般的细致观察，讲究的是理性，而不是意气用事：莲花的枝叶一簇而生，很少节外生枝，仿佛君子般光明磊落；莲花的茎秆挺直，元气充盈，仿佛君子般正直、有气节；莲花的香味优雅，远而弥

高分句子铺

天地间有至贵至爱可求，而异乎彼者，见其大而忘其小焉尔。见其大则心泰，心泰则无不足，无不足则富贵贫贱处之一也。

—— ［宋］周敦颐《周敦颐集·通书》

| 周敦颐题刻拓本（局部）

清，仿佛君子般德才兼备而不张扬。更重要的是，莲花不是那么好接近的，可以隔水相望，却不好随手把玩，具有独立、高贵的品格。

撇开已有的文学作品，放下有色眼镜，周敦颐直接从莲花原始的物理属性着笔，然后重新联结新的社会价值，颠覆性地赋予了莲花新的"人设"，那就是君子。

即便文学史上的莲花有相对固定的形象，但周敦颐的这番操作显得并不唐突，因为莲花所具有的每一种美德都和其真实的物理属性紧密相关，既有科学立场，又有哲学高度，让人无可置疑。仅凭一篇《爱莲说》，周敦颐便改变了人们对莲花的固有印象。

周敦颐一生所写的文章并不多，却在后世引起了极大反响，他也由此被认为是接续儒家道统的重要人物。他的不少观点确实发人深省，比如他认为普通人也可成为圣人，只要能做到一个"诚"字。

"花中四君子"为何没有莲

周敦颐的《爱莲说》将莲喻为花中君子，但我们今天熟知的"花中四君子"为梅、竹、兰、菊，并没有莲，为什么会这样呢？这还得从"花中四君子"这一称谓是怎么来的说起。

黄凤池是明末著名的徽州（旧称新安）出版商，曾于杭州设书坊"集雅斋"，出版了多种画谱，合称《集雅斋画谱》。所谓"画谱"，包括书画图录和传授书画技法的图解参考书。《集雅斋画谱》属于后者，主要以诗配画的形式刊刻，制作时由当时著名书法家董其昌等为之挥毫，著名版画家蔡冲寰等为之制图，刻版则出自徽派名工刘次泉等人之手，故诗、书、画、刻无一不精，以至出版后成了十分抢手的畅销书。"花中四君子"的说法即源于这套画谱中的《梅竹兰菊四谱》。

《梅竹兰菊四谱》中有明末著名文学家、书画家陈继儒写的序（小引），其中提道："文房清供，独取梅、竹、兰、菊四君者，无他，则以其幽芳逸致，偏能涤人之秽肠而澄莹其神骨。"随着《集雅斋画谱》的畅销，梅、竹、兰、菊为"花中四君子"的说法遂流行开来。这里虽然没有莲，但梅、竹、兰、菊被称为"四君子"也非浪得虚名——梅的高洁傲岸、竹的虚心直节、兰的幽雅空灵、菊的冷艳清贞，它们被赋予的品格，不正与周敦颐笔下的莲有着内在呼应吗？

《陋室铭》：
刘禹锡的品德何以用"香"来形容

　　山不在高，有仙则名。水不在深，有龙则灵。斯是陋室，惟吾德馨。苔痕上阶绿，草色入帘青。谈笑有鸿儒，往来无白丁。可以调素琴，阅金经。无丝竹之乱耳，无案牍之劳形。南阳诸葛庐，西蜀子云亭。孔子云：何陋之有？

刘禹锡◎《陋室铭》

真题面对面

【2021年吉林省中考语文试题】

　　结合本文（选文为《陋室铭》）和下面的链接材料，简要分析陋室主人和颜回共同的生活态度。

　　【链接材料】子曰："贤哉，回也！一箪食，一瓢饮，在陋巷，人不堪其忧，回也不改其乐。贤哉，回也！"（《论语·雍也》）

　　唐朝的短文，如今哪一篇最广为人知，"诗豪"刘禹锡的《陋室铭》或为不二之选。虽然文豪柳宗元的散文《小石潭记》状物生动，尤其是将透明的水写成空气的样子，构思新奇、令人惊叹，但其描写潭石的词汇多少有些生僻，不利于传播，因此《小石潭记》更多地火在书本上，而没有火在人们的口头上。真正流行的文章往往能让人张口就来，《陋室铭》正是这样的作品。

　　这篇文章开篇就阐述了发人深省的哲理："山不在高，有仙则名。水不在深，有龙则灵。"这两句可谓《陋室铭》的"金字招牌"，哪怕刘禹锡言尽于此，不写后面的内容，恐怕也不妨碍它的流传。文章开篇就有妙句，往往对获得阅读量很有优势，对我们的创作也很有启示意义。

　　紧接这两句而来的是"斯是陋室，惟吾德馨"。"我虽然住在破房子里，但品德高尚，这无异于山上有神仙、水中有蛟龙。""德馨"，我们一般理解为"品德高尚"，其实这里的"馨"字，字面意思是"能散布很远的香气"。"惟吾德馨"直译便是：我刘禹锡可是一个品德散发着香气的人。这里用香来形容品德，其中的逻辑值得深思。

宫之奇的引用

人类对香气的感知，依靠的是嗅觉。比如鲜花的香味、饭菜的香味，要用鼻子去闻。而道德是一种价值判断，则需要用头脑去感知。把香气移来形容人品，似乎并不算唐突，因为气味的芬芳和人品的高尚，都能给人带来美好的感觉——以感觉写感觉，便是修辞手法中的通感，也称移觉。这种修辞手法，能让我们将嗅觉、视觉、味觉、触觉、听觉等方面的感受互相关联，使笔下的意象变得新奇而活泼，堪称非常高妙的文学表达方式。

身处唐朝的刘禹锡，当然没有关于通感的现代认识。对此，我们似乎要佩服他丰富的想象力了。不过，用香来形容人品，早在刘禹锡之前就有了，可以追溯到他之前的 1000 多年。这也从一个侧面说明了我们汉语言的博大精深。先让我们翻开儒家经典，"春秋三传"之一的《左传》去看一看吧。

鲁僖公五年（前 655 年），晋献公想要消灭当时的一个小国虢国，但晋国和虢国之间隔着虞国，这可怎么办呢？当然得向虞国借道。其实，几年前晋献公攻打虢国，已经向虞国借过一次道了，这次又提出来，部分虢国人有些犹豫了。有个名叫宫之奇的大臣劝谏虞国国君虞公，不要再借道给晋国了，其主要观点是唇亡则齿寒——

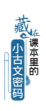

虞公认为通过祭祀可以免祸，这当然是异想天开

虞、虢两国唇齿相依，如果任由晋国把虢国消灭，我们也蹦跶不了几天了。

虞公目光短浅，最后借助"神话"，迷信地将老天搬了出来。他说："吾享祀丰洁，神必据我。"我用丰盛而洁净的祭品供奉上天，上天必会护佑我们的。宫之奇见国君不愿听劝，只能跟着说"神话"。

他指出："皇天无亲，惟德是辅。"上天不会跟谁的关系特别好，它只会根据人的品格来确定护佑谁和不护佑谁。如果一个人认为他的祭品足够香，总能让上天护佑他的话，那就大错特错了。因为祭品再香，又怎么能和品德的芬芳相比呢？宫之奇的原话是："黍稷非馨，明德惟馨。"明德，就是美好的品德。这里，宫之奇同样在品德和香气之间建立起了联系，得出来的道理引人深思。

最后，虞公没有听从宫之奇的劝谏，还是把道借给了晋国。结果不出宫之奇所料，晋国灭了虢国之后，借驻扎在虞国之机，把虞国也灭了。

宫之奇说品德有香气，是从供品的香气关联过去的，过渡很自然，也很巧妙。然而，这也不是宫之奇灵感乍现，突然想到的。他也是引用的前人旧说。他引用的文字出自《尚书·周书》中的《君陈》。接下来就让我们翻开另一部儒家经典——千古奇书《尚书》去看一看相关内容吧。

经典的影响

话说武王姬发伐纣成功，推翻殷商，建立了周朝。此后不久，姬发去世，他的儿子姬诵即位，是为周成王。当时姬诵年幼，只能由他的叔叔周公旦摄政治理天下。在周公旦的努力下，初定天下的周朝逐渐迎来了繁荣景象，厥功至伟的周公旦因此备受尊崇。周公旦去世后，周成王决定将周公旦的次子姬陈，分派到新建成的京师雒邑（故

址在今河南洛阳）东郊，接替他父亲的工作。

周成王语重心长地嘱咐姬陈，让他好好学习父亲的敬业精神，努力工作，安抚百姓。姬陈此去，工作压力确实不小。他的哥哥姬伯禽当初代父亲到封地鲁国做了鲁公，这里虽然离周朝当时的都城镐京（故址在今陕西西安）远一些，但还算好管理。而姬陈上任的地方，着实不好管理，那里聚集的多是殷商的旧人，对周朝充满了敌意。周公旦在世时曾派自己的弟弟去监管那些殷商旧人，结果他们被怂恿参与了谋反。周公旦平定叛乱后，干脆亲自管理这些地方。

知道那里的工作不易，周成王便不厌其烦地叮嘱自己的堂兄弟，要注意品德的修养。周成王的叮嘱基本构成了《君陈》这篇作品。这里的"君陈"指的便是姬陈，"君"是尊称。在这篇作品中，周成王说了这样一番话："至治馨香，感于神明。黍稷非馨，明德惟馨尔。"地方治理得好，便是供奉给上天最好的祭品，其所散发的芬芳定能感动神明；至于帮助实现大治的高尚品德，它的芬芳又岂是普通祭品的香气所能比的！

这番训诫可谓"香"里"香"气，足以说明用"馨"来形容道德品质在当时已是常见的词语组合。当然，不少学者认为《尚书》是一部真假杂陈的作品，不少篇目系后人伪作，并不足以反映周朝的语言状况，包括《君陈》这篇作品。但这并不影响"馨"与"德"组合对后世产生的影响，而这种影响至少从战国时期便开始了，并随着《尚书》《左传》等作品被定为儒家经典而被历代读书人所熟悉。

刘禹锡在《陋室铭》中说"惟吾德馨"，当然是袭用旧词，但用得很妙，把《尚书》《左传》这些正经八百的"朝廷大典"中的用语，搬到自己这个贬官身上，既强调了自己人格的高尚，也带有一定的嘲讽意味——一些人虽居庙堂之高，未必拥有高尚的人格，自己虽处江湖之远，却寄托着对朝廷的希望。

刘禹锡如此自述，难道就不怕被斥为目中无人、自抬身价吗？他又是否真如自述所言，是一个品德散发着香气的人呢？

刘柳之交

刘禹锡的一生可以说历经坎坷。他从小熟读儒家经典，既聪明又勤奋，极具文学才华。唐德宗贞元九年（793 年），他与柳宗元同榜进士及第，风华正茂的他们被寄予厚望，并称"刘柳"。当时的唐朝，社会问题突出，有识之士莫不希望改革弊政，刘禹锡和柳宗元同样如此，并逐渐进入了革新派的核心圈。

贞元二十一年（805 年），唐德宗驾崩，唐顺宗即位，革新派觉得改革的时机已经成熟，立刻提出并实行了不少具有进步意义的改革

高分句子铺

多行不义，必自毙。——《左传·隐公元年》

人谁无过？过而能改，善莫大焉。——《左传·宣公二年》

匹夫无罪，怀璧其罪。——《左传·桓公十年》

| 《陋室铭》很好地展现了刘禹锡的高尚情操

措施。但这次改革因触犯藩镇、宦官等保守势力的利益，遭到了他们的激烈反对，不到一年即告失败。刘禹锡、柳宗元等八人，先后被贬为远州司马，这就是唐朝历史上著名的"八司马事件"。此后，刘禹锡的人生便陷入了 20 多年的低谷期。可即便如此，他依然刚正不阿，通过豪迈的诗文对不顾社稷安危的权贵进行了无情嘲讽，充分展示了一位文士的社会担当。

可以说，命运的坎坷并没有击垮刘禹锡的意志，反倒让他的品格在恶劣的环境及与同侪（chái）的同舟共济中得到了淬炼。刘禹锡与柳宗元的交往，便充分展现了这一点。面对无奈的现实，唯有人格的高尚才堪维系这人间的温暖。

唐宪宗元和十年（815年），刘禹锡一度被召回京师，但因为写诗讽刺权贵又遭贬谪，这次是前往偏远的播州（辖境相当今贵州遵义和桐梓等县地）。播州当时的生存环境十分恶劣，是个令人望而生畏的地方，而刘禹锡尚有高龄老母需要照顾。危难时刻，同时被贬的柳宗元挺身而出，表示愿意代替刘禹锡前往播州。柳宗元的慷慨陈词，加上其他人求情，刘禹锡的贬谪地点这才得以改变。而在唐朝大臣裴度的请求下，柳宗元被改贬为连州（今属广东）刺史。

元和十四年（819年），柳宗元在柳州（今属广西）病逝，留下一个4岁的儿子（另一个孩子尚在孕中）和一堆需要整理的文稿，甚至归葬都成问题。在人生的最后时刻，面对年幼的孩子和未整理的文稿，柳宗元只得向好友求助。刘禹锡得到消息后十分悲痛，答应好好抚养柳宗元的儿子，并在此后认真整理柳宗元的遗稿。如今我们能见到柳宗元的"永州八记"，并为其笔下的山水之美所感动，能够读到"孤舟蓑笠翁，独钓寒江雪"这样的诗句，为作者孤傲魁伟的人格而动容，多少要感谢刘禹锡。

由此一段佳话，也足见《陋室铭》中那句"惟吾德馨"非但不虚，更堪张扬。因为一个人标榜品德高尚并不难，难的是用一生去践行。

祭祀文化与中华文明

通过对《尚书》和《左传》中"馨"与"德"的追溯，我们可以了解到，先秦时期的人们对祭祀活动是十分看重的。所谓"国之大事，在祀与戎"，祭祀活动足可与战争相提并论，甚至能左右国君做出一些事关国家命运的决定。正因如此，祭祀文化可谓先秦文化的重要组成部分，与其相关的诸多文化现象，也自然融入了中华文化的基因，对后世产生了深远影响。

《伊耆（qí）氏蜡辞》是一首先秦时期的歌谣，其辞曰："土反（返）其宅，水归其壑。昆虫毋作，草木归其泽。"这首歌谣是先民在腊月祭祀时的祈祷词，与先秦之诗非常接近。所以有观点认为，我国诗歌的起源便与祭祀活动有关，而诗对中华文化的影响自不待言。另外，祭祀时所遵从的仪轨如太牢、少牢，使用的器物如玉器、青铜器等，也促进了中华礼乐文化的诞生和发展演变。

《核舟记》：
以艺术之名能否让没有交集的人"同框"

舟首尾长约八分有奇，高可二黍许。中轩敞者为舱，箬篷覆之。旁开小窗，左右各四，共八扇。启窗而观，雕栏相望焉。闭之，则右刻"山高月小，水落石出"，左刻"清风徐来，水波不兴"，石青糁之。

魏学洢◎《核舟记》

真题面对面

【2023年河北省中考语文试题】

《核舟记》中王叔远的高超技艺具体表现在哪里？

《核舟记》是一篇令人难忘的奇文，它没有曲折离奇的情节，没有磅礴浩荡的气势，也没有标新立异的主题，只是一篇讲述工艺品的

说明文，却给人清新脱俗的感觉。我们读着简短的文字，好像摆弄着那件精细的雕刻品，觉得岁月美好，时光悠然。

一篇说明文能有这样的艺术效果，绝非偶然，说明雕刻者也好，作文者也好，都极为用心。而他们用心的重点之一，在于空间的塑造。

物理空间的巧妙利用

核舟这件雕刻品的神奇之处是，在极不匹配的尺寸上，一丝不苟地表现了日常人物、日常器具、日常生活。区区一枚果核，不足一寸，高不过两粒黄米，居然容纳了5个人、8扇窗，以及船篷、船桨、火炉、茶壶、手卷、念珠等物，另外还有对联、题铭等文字34个，真是螺蛳壳里做道场——异彩纷呈。更重要的是什么都不马虎，甚至每个人的表情、动作、发型、衣服上的褶皱等，都清清楚楚。如此见功力的微缩艺术品，很好地利用了枣核的空间结构，真正做到了"因势象形"，可谓匠心独运。作者魏学洢的文字也很有空间感，其写作线路大概如下：

先总写，"舟首尾长约八分有奇，高可二黍许"；接下来分空间写，首先是船头——"船头坐三人，中峨冠而多髯者为东坡，佛印居右，鲁直居左……"，接下来是船尾——"舟尾横卧一楫。楫左右舟子各一人……"，然后是船背——"其船背稍夷，则题名其上……"；

| 《核舟记》对核舟的描述可以说有序而清晰

最后又总写，"通计一舟"，对船上的组成部分再作一次交代。这样的空间安排脉络清晰，重点突出，使文章读起来毫无压迫感。

空间感，可以说是文学创作者必备的素养。不仅说明文的创作涉及空间结构的处理，其他类型的作品同样涉及。比如欧阳修《醉翁亭记》开篇一段记述，"环滁皆山也。其西南诸峰，林壑尤美，望之蔚然而深秀者，琅琊也。山行六七里，渐闻水声潺潺，而泻出于两峰之间者，酿泉也。峰回路转，有亭翼然临于泉上者，醉翁亭也"，其中

便有从大至小、引人深入的空间结构安排。

至于小说、戏剧等讲究故事情节的作品，有时空间便是制造矛盾冲突的"道具"。《水浒传》中有一段非常精彩的故事叫"林教头风雪山神庙"，就很好地利用了空间这个"道具"。一座山神庙的门，把庙里的林冲和庙外想要杀他的人隔到了两个空间。庙里的林冲听着门外之人的对话，心中充满了愤怒；而庙外那些人，不知道门后便是林冲，依然在窃喜，尽情地谈论着他们的阴谋。于是，一场风雪中的大战如箭在弦上，不可不发。

然而，核舟这件作品的成功仅仅在于对空间结构的巧妙安排吗？事实上不止如此。

艺术空间的"魔法"

核舟这件工艺品，不只有着写实的空间，更有着艺术的空间。

首先，魏学洢为明末散文家，是天启年间（1621—1627年）著名的江南才子。能赠予魏学洢核舟，王叔远自然是同时期的雕刻家。身为明朝人，王叔远在制作这件作品时，却选择了宋朝苏轼的故事，这本身就是对艺术空间的选择。可以作为雕刻题材的故事很多，王叔远为什么要选择苏轼游赤壁的故事呢？当然是因为苏轼身为大文豪备受文学家尊崇，而《赤壁赋》又是他的经典作品，是我国古代对生命进行深入思考的名篇，所以苏轼游赤壁的故事，很大程度上会受到魏学洢这样的文人的喜爱。

王叔远关于雕刻题材的选择，可以说非常独到，因为经典文化场景往往很容易打动人、吸引人。这样的艺术时空不会随着时间的流逝而黯淡，反倒会因为人们一再提及而具有永恒的魅力。这对我们的日常写作自然很有参考价值，比如在选择议论文的论据时，如果是历史时空中的经典文化场景，往往更有说服力，也更发人深省。

　　除了题材的选择，王叔远在具体操刀时还有更有趣的发挥。从核舟上的题铭来看，这件微雕作品还包含了想象的时空。"清风徐来，水波不兴"，这是苏轼《前赤壁赋》里的句子，写于宋神宗元丰五年（1082年）七月；"山高月小，水落石出"，这是苏轼《后赤壁赋》里的句子，写于元丰五年十月。也就是说，王叔远将苏轼游赤壁的两个时空融合在了一起。

　　除了题铭所指示的艺术时空，王叔远所雕刻的人物，实际上还包含了想象和虚构的成分。根据魏学洢的描述，核舟中的人物除了苏轼，还有黄庭坚和佛印。那么，苏轼的这两位好友有没有可能同苏轼一起游赤壁呢？答案是"不可能"，至少是"很难确认"。无论《前赤壁赋》还是《后赤壁赋》，实际上苏轼都没有交代与他同游的客人是谁。而根据"赋"这种文学作品的特点，与苏轼同游的客人未必指具体的人，完全可以是苏轼为了阐发自己对生命的理解而虚构出来的，也可以说是他心中的另一个自己。

　　所以，严格来说，王叔远的作品并不是对历史的简单再现，而是对历史进行加工改造后的结果。但这一再造的艺术空间并不显得突

| 北宋乔仲常《后赤壁赋图》（局部）中的苏轼和朋友们

兀，反倒让人惊喜，毕竟黄庭坚和佛印也是宋朝著名人物，并与苏轼有着深入的交往。他们三人共处一处，仿佛一个宋朝名人的殿堂，每个人的过往都给核舟增添了光彩。

也许一生之中，他们三人都没迎来这样一个聚谈的时刻，但如今那一刻成了现实，并让观者跟随他们神游万里。这就是艺术空间的魅力。

有关大人物"同框"的努力

除了王叔远的微雕，艺术史上还有不少自造艺术空间的作品，对我们如何在创作中创设艺术空间很有参考价值。比如人们所做的让王维和李白"同框"的努力。

王维和李白是盛唐时期的两位代表性诗人，安史之乱前，他们都曾长时间活动在唐朝的都城长安，他们还有共同的朋友，并且都曾受到唐玄宗的赏识。然而，奇怪的是，很少有文献记载这两人之间有交集，就像他们处在不同的时空一般。要知道，李白的朋友圈里，除了"诗圣"杜甫，还有著名的边塞诗人高适。他们三人曾一起游历，成为后世美谈。可王维与李白怎么就从来没有"同框"过呢？

　　正当后世文人为此感到遗憾时，人们在清朝著名学者赵殿成的著作中，发现了一段有趣的记述。这位王维研究专家引用明朝学者陆深在笔记小说《玉堂漫笔》中的话："世传《七贤过关图》，云是开元冬雪后，张说、张九龄、李白、李华、王维、郑虔、孟浩然出蓝田关，游龙门寺，郑虔图之。"按照这种说法，李白和王维并非没有交集。

　　考察传世的诸多《七子出关图》（所谓《七贤过关图》），皆为明朝摹本，但图中人物皆着唐人衣冠，非唐人无疑。有学者根据此图的绘画方式指出，原作应当为宋人所绘，至于图中七人是否为李白、

高分句子铺

回首向来萧瑟处，归去，也无风雨也无晴。

——［宋］苏轼《定风波》

人生到处知何似？应似飞鸿踏雪泥。泥上偶然留指爪，鸿飞那复计东西。——［宋］苏轼《和子由渑池怀旧》

王维等七人就很难确定了。尽管这幅图不能佐证王维和李白有"同框"的机会，但多少还是满足了人们对盛唐朋友圈的美好想象。

其实，从艺术空间的塑造考虑，即便现实中的李白、王维没有交集，也并不妨碍人们将《七子出关图》中的两人视为王维、李白。因为我们可以把此图视为盛唐诗人的群像，它所展示更多的是时代性，而不是个体性；更多的是象征性，而不是写实性。就此而言，王叔远的核舟和《七贤过关图》有着异曲同工之妙。

空间的巧妙利用和改造，不只在造型艺术里有，文字艺术里当然也有。比如《三国演义》里关羽刮骨疗毒的情节就十分典型。故事中为关羽治伤的大夫是名医华佗，但根据《三国志》的记载，关羽刮骨疗毒时，华佗应已不在人世，所以在记录这一事件时，《三国志》的作者陈寿并未提到为关羽疗伤的医生是谁："羽尝为流矢所中，贯其左臂，后创虽愈，每至阴雨，骨常疼痛，医曰：'矢镞有毒，毒入于骨，当破臂作创，刮骨去毒，然后此患乃除耳。'羽便伸臂令医劈之。"所以，《三国演义》中华佗为关羽刮骨疗毒这个情节，从真实性来说是不成立的，但从艺术欣赏的角度而言，是人们所喜闻乐见的。关羽是名将，华佗是名医，两人又都生活在东汉末年，将它们安排在同一空间，互证英伟，不仅可行，而且极具看点。

总之，包括写文章在内的艺术表达，既可以有尊重客观事实的写实空间，也可以有容纳想象力和心理期待的艺术空间，这样才能让文章既好看、又有相对严密的逻辑。

古代的五种正色

《核舟记》在描述核舟所刻的图案时分外精彩，以至于人们可能会忽略核舟上的用色。阅读原文你会发现，核舟上用到了三种颜色，集中在题铭部分。一种颜色为石青，涂在舟身左右两侧，"右刻'山高月小，水落石出'，左刻'清风徐来，水波不兴'，石青糁之"。另两种颜色分别为"墨色"和"丹色"，"其船背稍夷，则题名其上，文曰'天启壬戌秋日，虞山王毅叔远甫刻'，细若蚊足，钩画了了，其色墨。又用篆章一，文曰'初平山人'，其色丹"。这三种颜色之所以值得一提，是因为它们在我国古代的颜色体系中非常重要。

中国古人对色彩的重视，要远远大于现代人，因为它们与古代哲学思想和社会体系密不可分。我国古代长期以来形成了以青、赤、黄、白、黑五种颜色为"正色"的色彩体系。这五种正色可以说是中国文化的五种"底色"，直接来源于中国传统的五行观念——金色白、木色青、水色黑、火色赤、土色黄。战国时期的思想家邹衍根据五行理论提出了"五德终始说"，这从秦朝开始被正式采用为王朝更替的理论依据。按照该说，黄帝为土德，尚黄；夏朝为木德，尚青；商朝为金德，尚白；周朝为火德，尚赤。秦代周，水克火，所以秦始皇以水德自居，以黑色为正色，朝服、旌旗等一律采用黑色。另外，土在五行中居于中央，最尊贵，故土之黄色常被用作皇帝的专用服色。

《桃花源记》：
一个古代"中国梦"是如何在历史中流传的

> 见渔人，乃大惊，问所从来。具答之。便要还家，设酒杀鸡作食。村中闻有此人，咸来问讯。自云先世避秦时乱，率妻子邑人来此绝境，不复出焉，遂与外人间隔。问今是何世，乃不知有汉，无论魏晋。此人一一为具言所闻，皆叹惋。

陶渊明◎《桃花源记》

真题面对面

【2020年四川广安中考语文试题】

《桃花源记》文末写刘子骥"欣然规往""未果"，作者这样安排的目的是什么？

在中国古人心中，一直都有一个梦。底层百姓有这样一个梦，文人士大夫有这样一个梦，将领士卒也有这样一个梦……这是一个有

《桃花源记》所呈现的景象颇有传奇色彩

着鲜明农业社会特色、有关理想家园的梦，转换成文字，就像这样：

"土地平旷，屋舍俨然，有良田、美池、桑竹之属。阡陌交通，鸡犬相闻。其中往来种作，男女衣着，悉如外人。黄发垂髫，并怡然自乐。"没错，这就是东晋著名诗人陶渊明在《桃花源记》中所塑造出来的那个理想社会。

《桃花源记》这篇带有一点"幻想"色彩的作品，可以说戳中了无数中国人的心，所以1600多年来，其受追捧的程度不在《出师表》

这样的名篇之下，以至于桃花源成了人们心目中"乐土"的象征。这样的理想生活形态在陶渊明之前曾经存在过吗？或者说，桃花源在现实生活中是否有原型呢？

"剑侠"田畴

东汉末年至**魏蜀**吴三国鼎立的时代，是英雄辈出的时代，当然也是战乱频仍、生灵涂炭的时代。那些登上历史舞台的大人物，挥笔写春秋，洋洋洒洒，得展英姿。而那些不能进入历史舞台的升斗小民，只能跟着英雄的长剑奔波在沙场上。

英雄们盼望的是建功立业，诚如《三国演义》中周公瑾所歌："丈夫处世兮立功名，立功名兮慰平生。"而升斗小民盼望的自然是好好感受人间烟火——窗前的灯光、田里的庄稼，以及屋前屋后的鸡鸣犬吠。乱世之中，有没有一个像桃花源那样的地方，能让百姓不忧伤、不彷徨呢？事实上，还真有这么一片乐土，并且是一位"剑侠"开创的。这听上去似乎是武侠小说中虚构的情节，但事实上在《三国志》中有明确的记载。

《三国志·魏书·田畴传》中记载，东汉末年有一个人名叫田畴，他好读书，善击剑，是个文艺青年兼剑客。话说那一年，董卓不敌天下诸侯，于是带着汉献帝离开东汉都城洛阳，去了长安。一时间，大臣和皇帝彻底失去了联系。这对忠臣义士而言，简直无法忍受。

幽州有一位名叫刘虞的汉朝宗室大臣，希望能在此时和皇帝取得联系，表明自己的忠诚。可乱世之中，谁有这个本事去报信呢？大家一致向刘虞推荐了田畴。田畴慨然答应。

随后，田畴点选少数人秘密前往，最后成功到达长安，见到了汉献帝。汉献帝对他进行了嘉奖，希望他留下来为朝廷效力。但使命已达的田畴，还是决定回到刘虞身边，于是风尘仆仆地往回赶。结果，走到半路，田畴便听到了刘虞被当地军阀公孙瓒所杀的消息。

回来之后，田畴多次被公孙瓒征召。但有感于刘虞的知遇之恩，田畴拒绝为公孙瓒效力，并打算避开乱世，隐居起来。而且，他不是一个人离去，还要带上整个宗族数百人。出发前，他们一起盟誓："君仇不报，吾不可以立于世！"刘虞的大仇不报，我们又有何颜面立于世间呢？

他们这一离去，倒是成就了一段新的传奇。

乱世移民村

天下茫茫，干戈遍地，去哪里隐居呢？田畴把目光投向了一个叫徐无山的地方。他们在山中幽深险要的地方找到一个地势平缓的地方居住了下来。

大争之世，一个地方想要成为世外净土，自然要满足以下两个条件：一是有天险环绕，一般人不容易找到；二是在天险的包围之中，

要有平整的土地便于耕作。田畴他们在徐无山中找到的那块土地基本上满足了这两个条件，与陶渊明笔下的桃花源倒有几分相似。

田畴带领宗族在这里"躬耕以养父母"，在物质上自给自足，很快吸引了更多百姓前来投靠，数年间居然从几百人发展到了 5000 余家。在人丁不旺的战乱时期，这已然是一个不小的社会群体。为了制约不同族属的人，便于管理，田畴针对杀伤、盗窃、诉讼等提出了 20 余条法规。同时，他还制定婚姻嫁娶之礼，兴办学校，人们莫不欣然接受，以至道不拾遗。这样的小社会，即便不是桃花源式的理想社会，算作一方乐土倒也贴切。

这样一个小社会对周边自然有一定的威慑力，北方的乌丸、鲜卑等部落，便经常派遣使者前来送礼，田畴也不客气，全都照单收下。就连强大的袁绍，也不敢小觑这个村落，时不时地派人来诱惑一下："田壮士，接受我们的编制吧，给你个将军的职位，你继续统领你的徐无山，也不用来我们这里。"田畴大手一挥，很无情地说了一句："不。"徐无山中的这些人，不像桃花源中人那样"遂与外人间隔"，不至于"乃不知有汉，无论魏晋"，但外界也不能轻易介入他们的生活。

说田畴举族入徐无山的故事，并不是要强调陶渊明笔下的桃花源一定取材于此。对号入座可谓文学的大忌。这里只是要说明，像桃花源这样的乱世移民村落，在历史上还是可以找到一些影子的。这也意味着，桃花源的故事并非无根之木、无源之水。

其实，对理想的生活，人们无时不在积极地寻求，只要有这样的愿望，桃花源的故事便必然会出现。

唐诗版《桃花源记》

陶渊明的《桃花源记》问世之后，以其奇瑰的想象，深受人们喜爱。不少人会写诗、写文章重述这个题材，其中一些优秀作品，可以说是了解文人士大夫心态和创作能力的极佳窗口。

张旭是唐朝著名书法家，他有一首《桃花溪》，便写得颇有意趣。"隐隐飞桥隔野烟，石矶西畔问渔船。桃花尽日随流水，洞在清

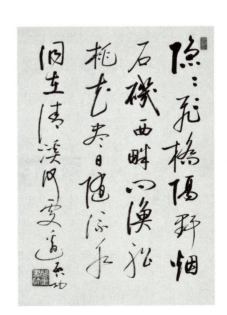

当代著名书法家启功
行书《张旭：桃花溪诗》

197

溪何处边。"这首诗通过描写桃花溪的景色和作者对渔人的询问，表达了一种向往世外桃源却又无处寻觅的心境。进入桃花源的洞口究竟在哪里？没有人能够回答，自然令人分外惆怅。

与张旭同时代、著名诗人王维也改编过《桃花源记》，完成的作品便是乐府诗《桃源行》。由于成功进行了艺术上的再创造，这首诗具有相对独立的艺术价值，得以与《桃花源记》并世流传，甚至能在一些细节上"丰富"《桃花源记》的故事。

"渔舟逐水爱山春，两岸桃花夹古津。坐看红树不知远，行尽青溪不见人。"这首诗也和《桃花源记》一样，以渔人的行踪和视野为线索，试图揭开桃花源的神秘面纱。陶渊明笔下的渔人，穿过山洞，猛然看到一处村落，接着描述了村落的景观和怡然自得的人们。陶渊明的笔调相对客观，视角相对稳定。王维的叙述，则很有画面感和镜头感："山口潜行始隈隩（wēiyù），山开旷望旋平陆。遥看一处攒云树，近入千家散花竹。"进入洞口，远远地看，只有树木的轮廓，走

高分句子铺

盛年不重来，一日难再晨。及时当勉励，岁月不待人。

——［晋］陶渊明《杂诗》

结庐在人境，而无车马喧。问君何能尔？心远地自偏。

——［晋］陶渊明《饮酒》

近了看，则有各家各户的竹林和花草。

　　陶渊明笔下，渔人受到盛情款待，没有写住的环境如何。到了王维这里，则有了交代："月明松下房栊静，日出云中鸡犬喧。"晚上睡觉的时候，有明亮的月光照着高大的松树。月光和松树下，房屋一片静谧。第二天早上，太阳从云雾中升起来，鸡狗一片喧哗。王维对居民早晚的活动也有描述："平明闾巷扫花开，薄暮渔樵乘水入。"大清早，村民们开始打扫路上的落花；傍晚的时候，渔夫和樵夫们坐船回来。增添了这么数笔，桃花源村落的居住环境更富细节，又和原诗不冲突。

　　渔人在桃花源住了几天将要离开，《桃花源记》中写："停数日，辞去。"王维则增加了心理活动："不疑灵境难闻见，尘心未尽思乡县。"一个"尘心未尽"和"思"字，把渔人的心理写得十分真切——自以为遇到的好地方还可以重逢，于是决定先回家看看，殊不知此地再难寻觅。把"停数日，辞去"演绎成了丰富的内心戏。

　　王维唐诗版《桃花源记》的高明之处，在于仅顺着经典原文做了恰当的添加。陶渊明没具体写的，王维写了，包括人物心理、视线变化、居民活动等。可以说，王维的《桃源行》就是一幅山水画，细致生动，勾画入微，虽不能代替原文，却能让原文更丰富。换句话说，《桃源行》的艺术再创造，主要表现在开拓诗的意境上，而这种诗的意境，又主要通过一幅幅形象的画面展现出来。人们说王维诗中有画，此言确实不虚。

鲜活素材库

陶渊明到底叫什么

我们在了解陶渊明的生平时会发现，他有两个名字，一为"渊明"，一为"潜"，这是怎么回事呢？首先，不同的史籍对陶渊明名字的记载有很大出入。南朝沈约在《宋书·陶潜传》中说："陶潜字渊明，或云渊明字元亮。"南朝萧统在《陶渊明传》中则说："陶渊明，字元亮，或云潜字渊明。"总体而言，陶渊明的"名"和"字"与"渊明""潜""元亮"有关。

根据古代"名"和"字"的对应关系，古人的"字"又称"表字"，要对"名"做进一步阐释，并有彰显德行的功用。就此而言，"渊明"和"元亮"当是一对，一个为"名"，一个为"字"。因为"名"更显得尊贵，所以古人自称多用"名"，以示谦卑。陶渊明在《祭妹文》等文章中自称时都用"渊明"，所以"渊明"是"名"的可能性极大。另外，陶渊明的好友颜延之在所写《陶征士诔（lěi）》中说："有晋征士寻阳陶渊明。"祭文是非常正式的，文中的"渊明"也当是"名"。

那么，陶渊明的另一个名字"潜"是怎么来的呢？宋朝人认为，东晋末刘裕篡晋称宋，陶渊明同情晋朝，遂更名为"潜"，寓"潜龙勿用"之意以明志。但也有人指出，"君子已孤不更名"，就是父亲去世后儿子不得改名，以彰显赐名之恩。陶渊明的父亲早逝，他此时改名显然不合常理。梁启超先生研究后发现，陶渊明诸子都有两个名字。按照家族传统，陶渊明或许也有两个名字，"潜"或是陶渊明的小名。

《马说》：
一生多悲辛的韩愈，还没被重视时做过哪些事

> 马之千里者，一食或尽粟一石。食马者不知其能千里而食也。是马也，虽有千里之能，食不饱，力不足，才美不外见，且欲与常马等不可得，安求其能千里也？

韩愈◎《马说》

真题面对面

【2013年山西省中考语文试题】

托物寓意是古人的常用写法。《马说》一文，作者以"千里马"寓_____，以"食马者"寓_____。

 热考知识点

　　身为一名官员，一生之中屡遭贬谪，"昌黎先生"韩愈算不算一匹"千里马"？答案毫无疑问，当然是。别的不说，仅凭"唐宋八大

　　"千里马常有，而伯乐不常有。"韩愈的
这句话道出了很多怀才不遇者的心声

家之一"这个头衔，就足以认定韩愈是文坛中的"千里马"了。从唐朝建立（618 年）到宋朝灭亡（1279 年），600 多年积累下来，文坛上的星辰何等璀璨，可后人在盘点这一阶段的文章妙手时，只点出了比较重要的八位，可见这些人何等了得，而韩愈便是其中一个。

当一匹千里马，很痛快吗？未必。如果没有伯乐发现，没有知音引荐，让你跟一些凡马、劣马在同一个马槽里吃糠，每天饥寒交迫，能活着就不错了，又何谈驰骋千里？这也正是韩愈在《马说》中所说的："祇辱于奴隶人之手，骈死于槽枥之间，不以千里称也。"白白辜负了一身本领，难免万念俱灰。

文章往往是一个人内心情感的倾诉，"文起八代之衰"的韩愈到底经历了什么，才会写出这样愤愤不平的文字？结合《马说》，我们不妨去看一看文坛中"千里马"韩愈的遭遇、挣扎和奋斗。

悲辛岁月

韩愈出生于唐代宗大历三年（768 年），逝世于唐穆宗长庆四年（824 年）。他的一生，悲辛艰苦的岁月可以说占了很大一部分。

韩愈的祖辈都曾为官，原本他可以拥有一个幸福的童年，只是刚满 3 岁，他的父亲便去世了。一开始，韩愈尚有兄长韩会可以依赖。不料，唐德宗建中元年（780 年），韩会又因忧伤和过度劳累病故，

死前将韩愈托付给妻子郑氏照料。此后，寡嫂郑氏承担起抚养韩愈的工作。因韩家产业有限，他们的日子日渐艰难。郑氏时常嘱托韩愈要撑起韩氏门户，韩愈渐渐意识到了入仕的迫切，所以读书十分刻苦。

韩愈自幼父母接连去世，后来考取功名又不太顺遂，仕途更是坎坷，其人生确实有诸多不易。韩愈大致的生活情状，我们可以从他的作品中窥得一二。

唐宪宗元和八年（813年），韩愈45岁（按今天的年龄计算方式计算，后同），在唐朝的都城长安任国子博士，简单来说就是当时最高学府的一名老师，负责给高级官员的子弟授课。这一年，他创作了《进学解》一文。这篇作品分为先生劝学、学生反驳先生、先生再予解答三个部分，名为"进学"，实为自抒愤懑之作。其中的国子先生在一定程度上可视为韩愈的自画像。

某个早晨，国子先生给同学们上课，说了一通很激动人心的话，其中最有名的句子当数"业精于勤，荒于嬉，行成于思，毁于随"。谁知这番慷慨陈词并没有达到预期效果。"言未既，有笑于列者……"国子先生还没说完，就有一位同学在下面笑了起来。接着，这位同学说道："先生欺余哉！"意思是，先生这是在骗我们吧。国子先生的思想还算开放，并没有阻止这位同学，开始任由他继续说下去。这些话当然正是韩愈想说的。

这位同学说，在学习方面，老师您"手不停披于百家之编"，不可谓不勤勉；在儒学方面，老师您"回狂澜于既倒"，不可谓无建树；在文章创作方面，老师您"闳其中而肆其外"，不可谓无真章；在为人方面，老师您"长通于方，左右具宜"，不可谓不得体。然而，这些又有什么用呢？先生您看看自己家人的遭遇，"冬暖而儿号寒，年丰而妻啼饥"，这样的生活还不够艰辛吗？再看看您自己，"头童齿豁"，头发也掉光了，牙齿也没几颗了，死神随时可能让您去报到。至于仕途上的事儿，那就更糟心了，这位同学只用了四个字便进行了高度概括，叫作"动辄得咎"，动不动就被上司训斥、批评。最后，这位同学还不忘给出致命一击："不知虑此，而反教人为？"您自己的人生都没过好，还怎么教育我们呢？

文章的后半部分，博学多才的国子先生虽然对这位同学进行了有力的回击和谆谆的教导，但国子先生生活得不好这个状况算是坐实了。

韩愈在穷得不耐烦的时候，当然也想过把缠绕自己半生的"穷鬼"给送走，因此还专门写过一篇带有自嘲性质的《送穷文》，在其中咬牙切齿地说："子饭一盂，子啜一觞，携朋挚俦（qièchóu），去故就新，驾尘矿（guō）风，与电争先。"意思是，你们这些穷鬼，我再请你们吃一顿饭，喝一杯酒，你们赶紧带着朋友离开我吧，最好比电还要快。如果请你们吃喝还不够，"我有资送之恩，子等有意于行乎"，我还可以送给你们路费啊。

可现实情况是，"穷鬼"根本不想走，并深情地表达了想要在此驻足的意愿："我和你相伴已经有40年了。在你幼年时，我没嫌

尽管文采出众，但韩愈这匹文坛"千里马"
大半生过得都是非常艰苦的

弃你愚笨无知；在你读书耕田、求官职与功名时，我始终跟随你，初心不改。门户的神灵，训我、呵斥我，我忍辱负重，仍专注于你，从没想过到别处去。在你贬官广东时，那里气候潮湿闷热，不是我的地盘，各种鬼都来欺负我。你在太学做国子博士那四年，下饭的早餐是切碎的菜、晚餐是一把盐，别人都嫌弃你，只有我在保护你。不知道你从哪里听说我将要离去，一定是先生听信了谗言，存心和我疏远。"

"穷鬼"的这番话多少回顾了韩愈过往的生活，其艰难困顿可想而知。所以，韩愈在《马说》中感叹"食马者不知其能千里而食也"，并非随便说说而已，而是确有壮志难酬的心酸。

既然这么委屈，韩愈是选择认命，还是挣扎奋斗呢？我们不妨再回到过往，进一步了解一下他的人生。

主动出击的"千里马"

韩愈在《马说》的开头直言："世有伯乐，然后有千里马。千里马常有，而伯乐不常有。"这当然也是韩愈的肺腑之言，有他的亲身经历可以为证。面对艰难困苦的生活，韩愈没有坐以待毙，而是选择了继续奋斗。奋斗的方式之一，就是积极寻找伯乐。

唐德宗贞元八年（792 年），韩愈第四次参加科举考试，终于考中进士，但千里马想要一跃成名的机会还没有到来。按照唐朝的科考制度，并不是考中进士就可以直接做官的，还得通过吏部的考试。于是，韩愈参加了博学宏词科（清朝改为"博学鸿词科"）的考试。此科意在选拔能文之士，但令人费解的是，位列"唐宋八大家"之首、素有"文章巨公""百代文宗"之名的韩愈，偏偏在这个科目的考试中落榜。贞元十年（794 年）和贞元十一年（795 年），韩愈又参加了两次这一科目的考试，仍都以失败告终。

这时的韩愈"才美不外见"，他当然很着急，但着急有什么用

呢，重要的是主动出击。于是，在参加博学宏词科考试期间，他多次向朝廷要员上书自荐，希望能够引起重视。结果，他的自荐信皆石沉大海，没有得到任何回应。

从文学的角度看，韩愈发出的这些自荐信是很有艺术性的，充分显示了这位未来文坛领袖的卓越素养。

贞元九年（793 年），韩愈向一位姓韦的官员发出了一封自荐信，名为《应科目时与人书》。在这封信中，韩愈自比为不同于平凡鳞介的海兽，只要有水，它就能呼风唤雨，上天入地。但如今，它因为得不到水而身陷泥淖，遭到了各种一般水兽的嘲笑。"如有力者，哀其穷而运转之，盖一举手、一投足之劳也。"如果遇到有力量的人，对它的窘境感同身受，把它运到有水的地方，不过是举手之劳罢了。"今又有有力者当其前矣，聊试仰首一鸣号焉，庸讵（jù）知有力者不哀其穷而忘一举手、一投足之劳，而转之清波乎？"如今，它面前就有这样一个有力量的人，姑且试着抬头鸣叫一声，谁又能知道有能力的人不会哀怜它，从而以举手之劳把它移到水里去呢？

信中被困于泥淖中的神兽，不正像被困在劣马马厩里的千里马吗？尽管用词委婉，韩愈渴望被重视的心情还是溢于言表。即便如此，韩愈在信中还是展示了他的傲骨。他写道："烂死于沙泥，吾宁乐之。若俯首帖耳，摇尾而乞怜者，非我之志也。"意思是，有力量的人愿意帮助我当然是好事，但如果要我俯首帖耳、摇尾乞怜，我宁愿烂死于泥沙之中。

结局我们已经知道，他没有得到任何回应，果真是"千里马常有，而伯乐不常有"。那么，韩愈遇到过伯乐吗？答案自然是毫无疑问的。

生命中的伯乐

唐德宗贞元二年（786 年），18 岁的韩愈告别寡嫂，只身前往长安。其间，他曾得到族兄韩弇（yǎn）的帮助，但韩弇的奔走并未给韩愈争取到任何机会。

次年，韩愈在长安参加科考，希望"一战而霸"，结果竟以落榜告终。此时的他无依无靠，接着又接到了族兄韩弇战死的消息。正在韩愈深感孤苦无依时，北平郡王马燧出现在他的生命里。马燧是唐朝名将，战功卓著，与韩弇算是旧相识。韩愈以韩弇幼弟的身份拜见马燧，马燧看韩愈饥寒交迫，不仅赐予他衣食，还让韩愈做他两个儿子的老师，教他们读书。之后，马燧更是资助韩愈再次参加科考，还帮助韩愈办理了婚事。

有感于马燧的仁厚，韩愈写下了经典散文《猫相乳说》。文章

高分句子铺

古之所谓正心而诚意者，将以有为也。——［唐］韩愈《原道》

清谈可以饱，梦想接无由。——［唐］韩愈《洞庭湖阻风赠张十一署·时自阳山徙掾江陵》

说马燧府上的两只母猫同一天产子，其中一只母猫不幸死去，它产下的两只小猫懵懂无知，还在它身下吃奶，"其鸣咿咿"。另一只母猫见状，马上去哺育失去妈妈的小猫。韩愈对这个故事做了升华："夫猫，人畜也，非性于仁义者也；其感于所畜者乎哉！"意思是，猫之所以有如此高尚的行为，大概是受到猫主人的感召吧。借着这个故事，韩愈高度夸赞了马燧。马燧的功业闻名天下，韩愈这篇作品虽然不能给他增添多少光彩，但至少表达了他对这位伯乐的感恩之情。

贞元十二年（796 年），第三次参加博学宏词科考试失败的韩愈，在万分失落之际，遇到了他的另一位伯乐，宣武节度使董晋。董晋亦为唐朝中期名臣，曾一度拜相，功勋卓著。他推荐韩愈做了秘书省校书郎，并出任宣武节度使观察推官。韩愈由此步入仕途，尽管是投笔从戎，但总算有了一份不错的工作。

唐宪宗元和十二年（817 年），韩愈 49 岁，又一位重要的伯乐出现在他生命里，那就是名相裴度。裴度当时正奉命讨伐淮西（治所在今河南汝南）藩镇吴元济，他决定任用韩愈为行军司马。同时，朝廷也赐韩愈紫服加金鱼袋，这可是被皇帝看重的标志。韩愈这位"千里马"，总算得到了应有的重视，而不是"辱于奴隶人之手"。最终，淮西平叛取得了重大胜利，韩愈专门写了《平淮西碑》来纪念这次大捷。

被朝廷重用之后，事实证明韩愈确实是一匹"千里马"，不只有文学上的才能，也有政治和军事上的才能。

唐穆宗长庆元年（821 年），韩愈转任兵部侍郎。当时，镇州（治所在今河北正定）发生兵变，局势很难掌控。第二年，朝廷赦免了这些士兵，并派韩愈前去安抚。满朝文武都替韩愈捏了把汗，就连大诗人元稹也说："韩愈可惜。"唐穆宗很后悔，便命令韩愈到达后不要急于入境，以防不测。韩愈表示，执行君命而不畏死去是他作为臣下应尽的义务，于是毅然前往，最后出色地完成了任务。

韩愈文集明嘉靖年间印本书页

韩愈所处的时代，局势动荡，远不如盛唐时期的繁华和开放，不少人才被埋没。好在韩愈是一匹倔强的千里马，总是充满自信，并且不停地主动出击。终于，他让自己以千里马之姿出现在大唐的舞台上，驰骋在历史的长河中，留给后人一个不朽的名字。

这就是《马说》背后的故事。

"呕心沥血"的李贺与韩愈

韩愈作为"一代文宗"，自唐宋以来，儒林中人无不对其交口称赞，之所以如此，与其写作态度有着重要关系。我们在表达做事煞费苦心、用尽心血时，常会用"呕心沥血"来形容，其中的"沥血"一词即源于韩愈，而"呕心"一词则源于诗人李贺。这一成语可以说很好地表达了他们的写作态度。

李贺是中唐时期著名诗人，他写诗喜欢骑着瘦马到处走，遇到好的题材，便立刻记录下来放入书囊中，然后再下苦功整理成篇。李贺的母亲知道儿子非常勤奋，更知道他的身体非常差，所以李贺一回家，她便先检查他的书囊，看看诗稿有多少。有一次，当她发现儿子的书囊中有太多纸片时，便关切地嗔怪："是儿要呕出心乃已耳。"意思是，这孩子是要把心呕出来才肯罢休啊！正是由于作诗过于专注，李贺年纪轻轻便去世了，不过他为后世留下了不少脍炙人口的诗篇，如《李凭箜篌引》等。

如果说李贺作诗执着于诗艺，那么韩愈写诗作文则执着于国事。他在《归彭城》一诗中写道："我欲进短策，无由至彤墀（chí）。刳（kū）肝以为纸，沥血以书辞。上言陈尧舜，下言引龙夔（kuí）。言词多感激，文字少葳蕤（wēiruí）。一读已自怪，再寻良自疑……"其中，"刳肝以为纸，沥血以书辞"，意思是割下肝来做纸，滴出血做墨，可见其赤诚。后来的苏轼评韩愈"文起八代之衰，而道济天下之溺"，这不是没有原因的。

《岳阳楼记》：
屡次被贬的范仲淹，何以堪称"第一流人物"

嗟夫！予尝求古仁人之心，或异二者之为，何哉？不以物喜，不以己悲，居庙堂之高则忧其民，处江湖之远则忧其君。是进亦忧，退亦忧。然则何时而乐耶？其必曰"先天下之忧而忧，后天下之乐而乐"乎！噫！微斯人，吾谁与归？

范仲淹◎《岳阳楼记》

真题面对面

【2023年江西南昌中考语文试题】

范仲淹在《岳阳楼记》中说，"＿＿＿＿＿＿，＿＿＿＿＿＿"，他以"古仁人"为榜样，否定了被个人得失和环境变化所支配的情感。

范仲淹显然是个爱操心的人，即使写篇"旅游文案"，也是忧心忡忡、眉头不展的样子。洞庭湖的风景多好啊，无论阴晴，都是那

么优美迷人，不同凡响，范仲淹自己的描述便生动地展示了这一点。如其浩渺，"衔远山，吞长江，浩浩汤汤，横无际涯"；如其磅礴，"阴风怒号，浊浪排空，日星隐曜，山岳潜形"；还有其明媚，"皓月千里，浮光跃金，静影沉璧，渔歌互答"。但就是这样一篇语言优美的"旅游文案"，范仲淹也在其中寄托了心怀天下的情思。

初读此文，难免被那些景色的描写所吸引。其实，风景只是《岳阳楼记》的表象，情思才是《岳阳楼记》的精髓。为了更深层次地理解这篇千古佳作，我们不妨来看看《岳阳楼记》背后的"忧"，以及"忧"背后几位女性的故事。

江湖之远

范仲淹的人生，可以说是一步一步从江湖之远走向庙堂之高的过程。人们看得见他的成功，却不一定了解他的母亲为培养这样一个儿子所付出的辛苦。

范仲淹生于宋太宗端拱二年（989年），其父名叫范墉。五代时期，范墉曾在吴越国为官。宋朝建立后，吴越国纳土归宋，范墉也随吴越王归降宋朝。淳化元年（990年），范墉在任所病逝，范仲淹的母亲谢氏贫困无依，只得抱着两岁的范仲淹，改嫁淄州长山（今山东邹平）人朱文翰（时任平江府推官），范仲淹遂改朱姓，名说

（yuè）。

　　范仲淹自幼好学，曾随做官的继父朱文翰宦游在外，读书学习，备受朱文翰关爱，以至 20 多年中，范仲淹并不知晓自己的身世。随着范仲淹年龄渐长，朱文瀚曾想让范仲淹经商，但他只想一心读书。后来，范仲淹产生了外出游学的想法，这是自古以来学人的普遍做法，很多名士如李白、杜甫等，都曾遍走天下。大中祥符元年（1008 年），范仲淹到了关中。这次关中之行，对范仲淹有很大影响，他不但结识了诸多好友、学到了很多知识，还见证了诸多生离死别。据记载，当时正值关中大旱，因灾情而饿死、病死的人很多。这自然激发了范仲淹以苍生为念的志向。此后，范仲淹求学的热情更高了。紧接着，家里发生的一件事，则改变了他的人生轨迹。

　　大中祥符四年（1011 年），范仲淹看到朱文翰前妻所生的朱氏兄弟浪费不节约，数度劝阻他们。朱氏兄弟很不高兴，说：“我们使用朱家的钱，与你有什么关系！”范仲淹感到疑惑，这才有人告诉他，他是姑苏范氏的子孙，并不姓朱。范仲淹十分感慨，决定自立门户，于是“佩琴剑径趋南都”，前往应天府（治所在今河南商丘）求学去了。母亲谢氏立刻派人追赶，范仲淹答应她，十年之内一定金榜题名，然后把她接走。之后数年，他昼夜苦学，不挑吃的，也不挑穿的，更不挑居住环境，只是努力读书。因为没钱，他经常白天饿肚子，晚上才吃东西。此刻的范仲淹，心中必定写着一个大大的“忧”字，忧自己不能独立于天地之间，忧自己不能让母亲为自己骄傲。要

破解这个"忧",他只能发愤图强。

以范仲淹的天分和拼劲,博取功名自然不是问题。大中祥符八年(1015年),范仲淹以"朱说"之名参加科举,榜上有名,从一介"寒儒"成为进士,之后被授予官职。有了俸禄,范仲淹决定把母亲接来奉养。之后,范仲淹因为官清廉、刚正不阿,屡被擢(zhuó)升。他希望早点复归范氏宗族,但担心母亲难过等原因,范仲淹很长时间并未恢复范姓,仍叫朱说。一切都在向好的方向发展,然而那个"忧"字还是紧紧跟随着他。

天圣四年(1026年),谢氏病逝,一个为难的问题来了,自己的母亲应该葬在哪里呢?朱家还是范家?葬到朱家,那是范仲淹所不乐意的;葬到范家,那是范家所不乐意的。这真的是"进亦忧退亦忧"。迫不得已,范仲淹只能先将母亲暂时安葬于自己努力读书的地方——应天,并在这里为母亲守丧。最后,他终于想到一个解决问题的好办法,就是将母亲独立出来,葬于洛阳,以后自己也葬在这里。范仲淹此举不但实现了自己生死侍母的心愿,而且不背义于范家和朱家。

可以肯定,当年在应天府读书的范仲淹,时刻思念着母亲,希望早点将母亲接出来。而母亲也时刻思念着儿子,以致经常以泪洗面,几近失明。"居庙堂之高则忧其民,处江湖之远则忧其君。"范仲淹与母亲的这种情感,势必延伸到他的政治生涯中,让他更能对别人的哀愁感同身受,比如他对太后刘娥的态度。

赤子之心

在家喻户晓的"包青天断案"故事里，有一个著名的故事叫"狸猫换太子"。其中的"大反派"便是章献明肃皇后，民间相传其名为刘娥，即宋真宗赵恒的妃子。正是她用剥皮的狸猫调换了李妃所生的儿子，并将孩子据为己有，这个孩子便是后来的皇帝赵祯。"狸猫换太子"的故事当然是虚构的，但刘娥在宋朝确实是存在的，并且是一位了不起的女性。

刘娥为蜀人，自幼父母双亡，后到京师谋生时被皇子赵恒看中。赵恒登基为帝后，刘娥进入宫廷，备受荣宠，只是一直没有孩子。大中祥符三年（1010 年），原为刘娥侍女的李氏为宋真宗生下一位皇子。刘娥直接将这个皇子占为己子，他便是日后的宋仁宗。大中祥符五年（1012 年），刘娥被封为皇后。宋真宗阅览奏章，刘娥总是陪伴左右，并且参与国事的处理。之后，刘娥越来越被宋真宗倚重，逐渐掌控了朝政大权。乾兴元年（1022 年），宋真宗驾崩，刘娥垂帘听政，"威震天下"。曾有臣子上书，鼓动刘娥像武则天一样直接称帝，刘娥将奏章撕碎，断然拒绝了。摄政期间，她多次下令整顿吏治，鼓励商品经济发展，为宋朝的发展做出了应有贡献，后世称其"有吕（吕后）武（武则天）之才，无吕武之恶"。

天圣七年（1029 年），宋仁宗准备率领百官为刘娥祝寿。范仲淹

认为这一做法有损皇上威严，便上书宋仁宗放弃朝拜事宜，但没有得到答复。之后，范仲淹又上书刘娥，请她还政于宋仁宗，同样没有得到答复。朝廷重臣晏殊得知范仲淹上书后，大惊失色，批评他过于轻率，这样可能会连累举荐他的人。范仲淹据理力争，说有益于朝廷之事，必定秉公直言，虽有杀身之祸也在所不惜。不久，范仲淹离京为官。

明道二年（1033 年），刘娥驾崩，宋仁宗亲政，他很快得知了自己并非刘娥所生的消息。想到刘娥霸着母亲的位置，害他不能与生母相认，宋仁宗对刘娥难免怨恨，群臣也开始议论她垂帘听政的过失。这时，重新被召回京的范仲淹挺身而出。他认为，刘太后虽然霸道了一点，但多年来，也算恪尽母亲的职责，还是应该掩饰太后的过失，成全其美德。当初听说自己的生母是被刘娥害死的，宋仁宗决定开棺查看，发现事实并非如此，便接受了范仲淹的建议，诏令朝廷内外不得擅议太后之事。

此时，距范仲淹的母亲去世已有数年。面对皇家两位母亲的身后事，他或许会想到自己的母亲。刘太后是母亲，李妃也是母亲，两位母亲又何曾辜负过宋仁宗。于是，范仲淹提出了上述这条合情合理的建议，让宋仁宗这个儿子做得心安。家事国事天下事，有一颗赤子之心，必能将心比心，将待人处世的正确态度传递给他人。从这个角度理解"居庙堂之高则忧其民，处江湖之远则忧其君"，也无不可。

初心不改

刘太后的事情告一段落后，宋仁宗的后宫依旧不得安宁。明道二年（1033 年）对宋仁宗而言，注定是不得消停的一年。

刘太后一死，宋仁宗就开始嫌弃身边的郭皇后。当初，宋仁宗喜欢的是张美人，打算立她为皇后，无奈刘娥看中了郭氏，没有话语权的宋仁宗只能接受。如今失去了刘太后的庇护，郭皇后自然被冷落。

"先天下之忧而忧"的范仲淹可谓古代士大夫的表率

有一天，宋仁宗宠爱的尚美人当着皇帝的面说郭皇后的坏话，恰被郭皇后听到，于是双方大打出手。宋仁宗为了保护尚美人，被郭皇后误伤了颈部。宋仁宗大怒，决意废掉郭皇后，不少大臣随声附和。这时，范仲淹再度站了出来，认为皇后并无大错，不应遭受如此严厉的处罚。而且他不只是说说而已，还带着一些官员，跪在大殿前为皇后求情，宋仁宗直接避而不见。第一天没解决问题，范仲淹打算第二天再来，没想到等来的却是宋仁宗对他的贬谪。郭皇后最后还是被废了。

在反对废后的过程中，范仲淹态度十分鲜明。除了政治方面的考虑，对女性的同情或许也是一个重要因素。虽说郭皇后的遭遇和范仲淹的母亲不太一样，但作为女性的艰难处境是一样的。范仲淹的母亲丧夫，没有独立的经济地位，不得不改嫁，这在古代本不是一件光彩的事。而郭皇后身居深宫，一生的荣辱全在皇帝一念之间，一旦因为无关紧要的琐事被废，不只关系到朝廷体统，更关系到一位女性的

🌸 高分句子铺 🌸

安得广厦千万间，大庇天下寒士俱欢颜。——［唐］杜甫《茅屋为秋风所破歌》

昆仑之高有积雪，蓬莱之远常遗寒。不能手提天下往，何忍身去游其间。——［宋］王令《暑旱苦热》

尊严。看着母亲的煎熬，范仲淹甚感不忍，由此及彼，又何不尽己所能，对哀愁之人加以怜悯呢？这何尝不是"忧其君"的题中之义？

"郭后事件"发生 13 年后，庆历六年（1046 年），范仲淹受好友滕子京之邀，为新修缮的岳阳楼题记。范仲淹想到人生的起起落落，不禁发出了"居庙堂之高则忧其民，处江湖之远则忧其君"的感慨。类似的话他从求学时起便挂在嘴边，如今几十年过去了，依然初心未改。忧人之所忧，不是抽象的，而是具体的，这就是一位名臣的情怀，也难怪朱熹要赞范仲淹为"第一流人物"了。

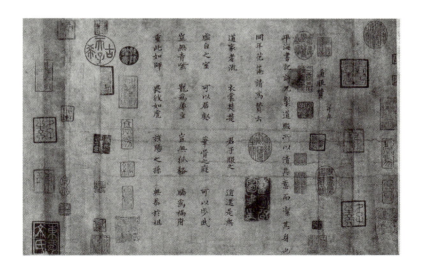

范仲淹楷书《道服赞》（局部）。《道服赞》是范仲淹为同年友人所制道服撰写的一篇赞文，行笔清劲，结体方正，既美且箴，为目前所知范仲淹唯一传世墨迹，极为珍贵

活素材库

宁鸣而死，不默而生

除了"先天下之忧而忧，后天下之乐而乐"这一名言，范仲淹还有另一句名言值得铭记，那便是"宁鸣而死，不默而生"的宣言。他之所以写下这样振聋发聩的句子，还得从他和宋朝名相吕夷简的矛盾说起。

宋仁宗景祐三年（1036 年），范仲淹因在苏州的政绩突出，被调回京城任职。之后，他大力整顿官僚机构，汴梁（今河南开封）在短时间内便"肃然称治"。其间，他发现宰相吕夷简有滥用私权之嫌，便绘制了一张《百官升迁次序图》呈给宋仁宗，根据图中官员的升迁情况，对吕夷简提出了尖锐批评。结果，吕夷简竟以"越职奏事，勾结朋党，离间君臣"的罪名将范仲淹贬至饶州。

到达饶州后，范仲淹的妻子病死，他自己也得了重病。好友梅尧臣听说之后，为范仲淹寄来了《灵乌赋》一文，劝范仲淹不要再多言生事。对好友的建议，范仲淹不能认同，他在给梅尧臣的回信中提道："凤岂以讥而不灵，麟岂以伤而不仁？故割而可卷，孰为神兵；焚而可变，孰为英琼。宁鸣而死，不默而生。"无论如何他都要坚持正义，坚持真理。如今看来，范仲淹为国言事的铮铮铁骨依然令人动容。

尽管范仲淹多次被贬都与吕夷简有关，但吕夷简对仁宗时期的政治贡献颇多。后来，西夏攻宋，吕夷简主动提出重用范仲淹，两人也算冰释前嫌，传为佳话。

《送东阳马生序》：
让宋濂既敬又畏的老师，原来真的很厉害

当余之从师也，负箧曳屣行深山巨谷中。穷冬烈风，大雪深数尺，足肤皲裂而不知。至舍，四支僵劲不能动，媵人持汤沃灌，以衾拥覆，久而乃和。寓逆旅，主人日再食，无鲜肥滋味之享。同舍生皆被绮绣，戴朱缨宝饰之帽，腰白玉之环，左佩刀，右备容臭，烨然若神人；余则缊袍敝衣处其间，略无慕艳意，以中有足乐者，不知口体之奉不若人也。盖余之勤且艰若此。

宋濂◎《送东阳马生序》

真题面对面

【2017年重庆市中考语文试题（B卷）】

宋濂求学经历中体现出的哪种品质对你触动最大？请结合自己的生活实际谈一谈。

　　《送东阳马生序》是劝学名篇，其奇特之处在于不通篇说理，而是就自己的求学经历娓娓道来，有力地阐明了学有所成主要在于主观努力。全文前后对比，匠心独运，可分为三个部分。

　　第一部分写自己少时求学的情形，着意突出其"勤且艰"的"嗜学"精神。这部分主要通过三件事说明了这一点：第一件事是借书之难，第二件事是求师之难，第三件事是如何安于清贫。第二部分承接第一部分，通过前后对比，写如今太学生学习条件的优越。如果在如此优越的条件下，还有人"业有不精"，那就不是天资的问题了，而是不够勤奋、不够刻苦。

　　以上两部分劝学之意自明，第三部分主要写创作缘起，点明此文因马生以乡人的身份求见而写，希望"道为学之难"，勉励包括马生在内的同乡们努力学习。

　　宋濂为人宽厚谦恭，此文一如其人，写得平易亲切，其思想内容不难理解。这里想说说宋濂年少时所请教的名师有哪些，宋濂又从他们那里学到了什么。

严师出高徒

在回顾自己的求学经历时，宋濂描绘了一个令人印象深刻的场景："门人弟子填其室，未尝稍降辞色。余立侍左右，援疑质理，俯身倾耳以请；或遇其叱咄，色愈恭，礼愈至，不敢出一言以复。"学生填满了老师的门庭，分明是"名校"的气派。面对门下众多弟子，这位老师从未将高冷的态度稍稍缓和一些。宋濂站着侍奉在老师左右，就一些问题提出自己的疑惑，常常弯着腰侧耳倾听，可谓毕恭毕敬。已然如此，有时他还是会遭到呵斥。然而，宋濂在学习的道路上没有丝毫退却，越到此时就越恭敬、越周到，不回一句话。

其实，不只元朝末年的名儒对待学生严厉，就是大圣人孔子，对待学生也不总是和颜悦色的。宰予是孔子门下著名弟子之一，他善于辩论，曾跟从孔子周游列国，被后世尊为儒家先贤之一。有一次，宰予问孔子："一个人的父母死了，守孝三年，时间是不是太长了？一年间，陈谷子吃完，新谷子都成熟了，守丧一年就可以了吧？"孔子说："只守丧一年，你心安吗？"宰予回答说："心安。"孔子非常生气地说："既然如此，你就这样做吧！"宰予退了出去，孔子说：

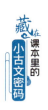

"宰予真不是仁人君子！孩子生下来三年，才能脱离母亲的怀抱。为父母守孝三年，不是天下应该共同遵行的礼仪吗？"

孔子对宰予的这次批评还算留了一些情面，并未当着他的面说。孔子对宰予的另一次批评，可就没这么讲情面了。有一天，宰予白天睡觉，孔子十分恼火，于是说出了那句著名的话——"朽木不可雕也"！这可算十分严厉的批评了，对心理脆弱的同学来说简直就是"暴击"。但对精诚求学的人而言，被批评并不代表什么，毕竟谁都会犯错，所以宰予依然是孔子的得意弟子之一，并且受到了后世的尊崇。

宋濂在陈述自己的求学历程时，相信早已对老师此前的训斥不再挂怀，只剩对老师当年谆谆教诲的感激。那么，这位当年的先达、名儒可能是谁呢？

江南名儒

检索史籍，宋濂的老师有这么几位：闻人梦吉、吴莱、柳贯、黄溍（jìn）等。宋濂生于元武宗至大三年（1310 年），祖籍金华潜溪（今属浙江金华），后迁居金华浦江，所以他的老师基本都是金华人。

闻人梦吉出身于一个儒学世家，从小跟随父亲学习，曾闭门十年不出，埋首于各种古籍，对儒家经典用功极深。后来，闻人梦吉针对"举子业"，也就是科举考试，开班授课，应者云集，在当地很有影响力。他教过的学生中就有宋濂。宋濂 19 岁就学于闻人梦吉，主要学习《周易》《诗经》《尚书》《礼记》《春秋》等儒家经典。宋濂后来回忆说："公之学，一以诚为本，涵养既驯，内外一致，故其气貌类玄文之玉，温润而泽，绝无纤瑕。"闻人梦吉性格温和，对待门人弟子真诚亲切，这与《送东阳马生序》中那位十分威严的老师显然并不相符。

宋濂学习儒家"五经"，很快便融会贯通。这时有友人指出，"举子业"的课程明显已不能满足宋濂的学习需求，应该去找另外的老师学习"古文辞"，于是宋濂开始师从另外一位老师吴莱，并由此迎来了学业上的巨大进步。

吴莱为金华浦江人，一生没有中过进士，但学问非常好。前面提到的柳贯和黄溍都对他颇为推崇，称其有绝世之才，文章更是"崭绝雄深"，远非常人可及。吴莱的父亲叫吴直方，是元朝的集贤院大学士，这个头衔也许不算什么，但他还是元朝著名宰相、《宋史》编撰者脱脱的老师。吴莱出身世家大族，又才华横溢，似乎前途大好，但事实并非如此。因为求官不顺，吴莱干脆带着满肚子学问，隐居到了浦江的深袅山中，以授徒为业。父亲德高望重，加上吴莱自己确有才华，前来求学的人自然络绎不绝。

"当余之从师也，负箧曳屣行深山巨谷中。穷冬烈风，大雪深数尺，足肤皲裂而不知。"宋濂求学需到深山巨谷之中，而其年龄又刚过"加冠"（20岁），从金华潜溪至浦江确有百里之遥，这些因素都

宋濂随吴莱这位严师学习，获益匪浅

将他笔下那位严肃的老师指向了吴莱。

宋濂从吴莱这里确实学到了不少东西，尤其是古文的创作方法。宋濂的友人曾在文章中指出，吴莱博极经史，喜欢古章句，宋濂向他学习，悉得其蕴奥。很快，宋濂善于文辞的名声便传开了。而宋濂在写有关吴莱的文章中，也对吴莱教他写作的方法记载得颇为详细。所以，《四库全书总目提要》提道："（吴）莱与黄潜、柳贯并受业于宋方凤，再传而为宋濂，遂开明代文章之派。"

有这么多了不起的先生，加上自己的努力，宋濂能成为和刘伯温齐名的明朝文学家，也就不足为奇了。他攀山越岭时受的那些罪，终于没白受。

走出闭环

不少人年少时读《送东阳马生序》，首先感受到的是宋濂刻苦求学的精神。他冒着风雪在深山巨谷中穿行、眼望富贵同学明艳如神人的场景，甚至会让人在脑海中挥之不去。不畏贫穷、不惧艰苦，这当然是一个人成长过程中不可或缺的精神。但一个人的成长所需要的，并不止于此。

宋濂固然能吃苦，但从他不断进步的经历来看，他还有一个优点，就是能够主动联系名师，将积攒下来的疑问拿出来请教，从而不断提高自己的学问、修养，改进学习的方法。古代读书人讲究"游

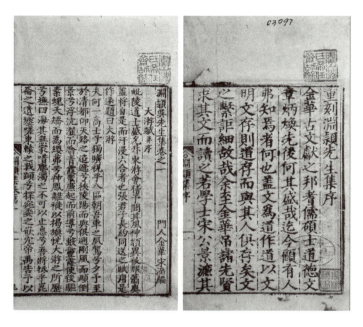

| 宋濂所编吴莱文集嘉靖年间印本书页

"，其主要内容之一就是去拜访名师。这么做固然有扩大交际范围、希望得到关照的因素，但也不能忽视它对学习的促进作用——通过指点，得入门径，从而纠正自己的学习偏差，扩大视野，更新认知。

从某种程度上说，宋濂当年不畏满山的风雪、不畏老师的斥责、不畏同学的冷眼，不只是心理素质强大，他确实希望获得真知，突破自我，无论付出什么代价，都要让自己获得进步和成长。实际上，任何学习归根到底都是自我学习，如果不能克服困难主动出击，所谓成长就会显得很有限。

这样的道理，苏轼的弟弟苏辙也很明白。在《上枢密韩太尉书》中，他就提到了这一点。苏辙住在巴蜀之地，"其居家所与游者，不过其邻里乡党之人"，大家在一个层次差不多的圈子里交流，难免有局限。苏辙担心自己长期得不到点拨，没有更大的进步，于是怀着这种恐惧毅然离家，来到京城增长见识。只是苏辙的胆子不小，居然给当时的朝廷重臣、执掌军政大权的韩琦写信，希望引起注意，得到指教，其超人的胆识自与宋濂非常相似。

所以，要想求真知、有进步，就要试着勇敢地走出一个个闭环，自动升级到更广阔的天地。如此而言，对主动努力的宋濂来说，在深山巨谷中穿行，又怎会只有寒凉呢？

高分句子铺

少年辛苦终身事，莫向光阴惰寸功。

——［唐］杜荀鹤《题弟侄书堂》

明初诗文三大家

宋濂与刘基、高启有"明初诗文三大家"之称。明朝立国，宋濂曾奉命编修《元史》，并参与制定了不少朝廷的礼乐制度，还指导过朱元璋父子读书，所以被朱元璋誉为"开国文臣之首"。宋濂的纪传作品，如《秦士录》《王冕传》等，均能抓住细节突出人物性格，十分精彩。

刘基，字伯温，是明朝的开国功臣之一。他各个方面都很优秀，在民间被认为是诸葛亮一样的人物。他在文学方面的成就也很突出，其代表作《郁离子》是一部脍炙人口的寓言体散文集。"郁"是形容有文采的样子；"离"是八卦之一，代表火。郁离，就是文明，刘基的意思是"天下后世若用斯言，必可底文明之治耳"。该书中有一篇为《卖柑者言》，成语"金玉其外，败絮其中"即出自这里。

高启，字季迪，是一位非常有天赋的诗人。《四库全书总目提要》认为，高启"天才高逸，实据明一代诗人之上。其于诗，拟汉魏似汉魏，拟六朝似六朝，拟唐似唐，拟宋似宋，凡古人之所长，无不兼之"。遗憾的是，他性格耿直，中年因他人牵连，被朱元璋腰斩于市。其词《念奴娇·自述》道："策勋万里，笑书生、骨相有谁曾许？壮志平生还自负，羞比纷纷儿女。酒发雄谈，剑增奇气，诗吐惊人语。风云无便，未容黄鹄（hú）轻举。何事匹马尘埃，东西南北，十载犹羁旅？只恐陈登容易笑，负却故园鸡黍。笛里关山，樽前日月，回首空凝伫。吾今未老，不须清泪如雨。"高启借此词抒发了自己壮志未酬的强烈苦闷。

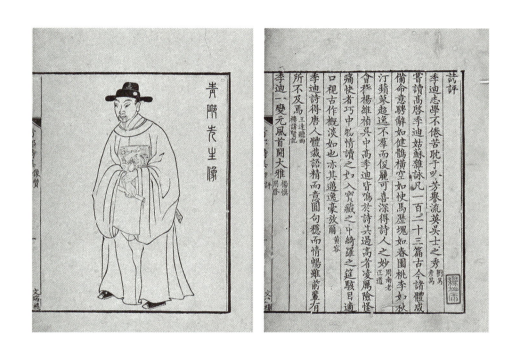

高启《青邱高季迪先生诗集》清朝印本书页